HEYNE BÜCHER

HEYNE KOCHBÜCHER

Der Autor:

Friedrich Graupe, Jahrgang 1940, ist Umwelt- und Naturschutzredakteur einer der größten europäischen Tageszeitungen. Für seine Arbeiten erhielt er mehrere Preise (Österreichischer Naturschutzpreis, Dr.-Karl-Renner-Preis für Publizistik, Konrad-Lorenz-Preis für Umweltschutz, ÖGUT-Preis für Industrie und Umwelt).
Er ist jedoch nicht nur Umweltfachmann, sondern auch Kenner und Könner in Sachen Kochkunst. Mehrere Jahre lang schrieb er Gastronomisches und Rezepte für eine englischsprachige Zeitschrift, die für UNO-Angestellte bestimmt ist.
Friedrich Graupe verfaßte zusammen mit Sepp Koller den Bestseller »Delikatessen aus Unkräutern« und mit Wolfgang Neumann »222 Energiespartips«.

Friedrich Graupe

250 Super Suppen

Die besten Suppen
aus aller Welt

WILHELM HEYNE VERLAG
MÜNCHEN

Heyne Kochbuch
07/4721

Für die freundliche Bereitstellung des Bildmaterials danken wir:

dem Fotoarchiv GUSTO (33, 69, 87, 105, 1 81, 253, 271);
Peter Lehner (123, 199, 217, 235) und der
Ed. Haas Nährmittel Gesellschaft m.b.H. (51)

Umwelthinweis:
Dieses Buch wurde auf
chlor- und säurefreiem Papier gedruckt.

Printed in Germany 1998
Umschlaggestaltung: Atelier Ingrid Schütz, München
Umschlagfotos: Ulla Mayer-Raichle, Kempten
Innenfotos: siehe Bildnachweis oben
Satz: Schaber Satz- und Datentechnik, Wels
Druck und Bindung: RMO-Druck, München

ISBN 3-453-13831-7

Inhalt

Danksagung

Ein Buch wie dieses, in dem ein Rezept das andere »jagt«, hat viele Großmütter, Mütter und Väter. Ihnen allen gebührt – in zeitlicher Reihenfolge – tiefer Dank:

Meiner Großmutter Hermine Mareth (posthum) für die »ersten Schritte«, die ich in der Suppenküche tun durfte; meiner Mutter Maria Graupe, weil sie mein Talent zum Kochen so wohlwollend gefördert hat; Lu Wong, der mich in Taiwan in die Geheimnisse der chinesischen Kochkunst einweihte; Emmy Hellriegl aus Meran für Tips aus der Südtiroler Küche; Elenor Adams und Gina Hanauer aus Nordwales, die für mich Rezepte aus dem anglikanischen Sprachraum sammelten.

Dank auch besonders dem »Haus Knorr«, das mich mit Zahlen, Daten, Suppen-Fakten und Bildmaterial versorgte.

Hochachtung den mit Hauben und Preisen ausgezeichneten Meisterköchen, die sich auf meine Bitte hin spontan bereit erklärten, an diesem Buch mitzuwirken und uneigennützig ihre besten Rezepte einem breiten Publikum preisgaben. Viele sandten rührende Briefe, in denen sie diesem Buch viel Erfolg wünschten.

Abkürzungen und Erklärungen:

EL = Eßlöffel
TL = Teelöffel
l = Liter
g = Gramm
kg = Kilogramm

Wo nicht anders angegeben, sind die Rezepte für 4 Personen berechnet.

Vorwort

»Wer lang suppt, lebt lang!« pflegte meine mährische Großmutter zu sagen. Diese originelle Abwandlung des alten Spruches »Wer viel suppt, lebt lang« hat mich schon als Kind amüsiert und mußte mich – zumal Großmama eine hervorragende Köchin war – zwangsläufig zum »Suppentiger« machen – jetzt sogar zum Autor eines Suppenbuches, das in solcher Ausführlichkeit ein Novum ist.

»Ohne Suppe kein richtiges Mahl«, heißt es oft. Mit gutem Grund: Die Suppe ist die Visitenkarte einer Küche – ob in privatem oder professionellem Umfeld. Sie weckt, wenn sie gut zubereitet worden ist, Vorfreude auf das, was später kommen mag. Wäre ich Besitzer eines Restaurants, würde ich folgendes unternehmen: Der Gast nimmt Platz und bekommt automatisch auf Kosten des Hauses ein kleines Schälchen Suppe gleichzeitig mit der Speisekarte. Wieso? Das Leben der Küchenbrigade und des Servierpersonals würde damit erheblich erleichtert. Der Gast ist nach der Suppe auf das Essen eingestimmt, hat seinen bohrenden Hunger gestillt, kann in Ruhe das Speisenangebot studieren und seine Bestellung aufgeben. Es wird ihm dann nicht viel ausmachen, ein wenig auf sein Menü warten zu müssen. Womöglich schmeckt ihm die Testsuppe so gut, daß er noch eine große Portion davon bestellt. Es ist eine erfreuliche Tatsache, daß es keinen Bereich der Kochkunst gibt, in dem soviel Eigeninitiative, Kreativität und Fantasie möglich und gefragt sind, wie in der Suppenküche. Jedem Leser ist zu empfehlen: Nehmen Sie die Rezepte aus diesem Buch als Grundlage, verändern Sie diese nach Belieben.

So kann jeder seine Favoriten entwickeln, von denen er selbst, seine Familie und die Freunde gar nicht genug bekommen können. In meinem Fall sind das zum Beispiel Südtiroler Weinsuppe, Spargelcremesuppe, Knoblauchsuppe, Maissuppe, Miesmuschelsuppe, Chinesische Fischsuppe oder Westafrikanische Erdnußsuppe.
Diese möchte ich dem Leser besonders ans Herz – oder besser an den Gaumen – legen. Sonst bleibt mir nur, viel Erfolg am Herd, viel Lob der Gäste und guten Suppen-Appetit zu wünschen.

Friedrich Graupe

Laßt Schildkröten und Frösche leben!

Mit voller Absicht verzichten wir in diesem Buch auf die Verwendung von Schildkrötenfleisch und Froschschenkeln – aus Gründen des Natur- und Artenschutzes. Es gibt Besseres in der Suppenküche, so daß für diese Zutaten keinerlei Veranlassung besteht. Falls jemand Schneckensuppe zubereiten will, sollte er sich davon überzeugen, daß die zugegebenermaßen schmackhaften Tiere aus Züchtungen stammen und nicht der freien Natur entnommen wurden. Das gleiche gilt übrigens für die in China so beliebte Schwalbennester-Suppe.

6000 Jahre Suppengeschichte

Es mögen ein natürlich ausgehöhlter Stein, in den Tropen vielleicht eine große Muschel oder ein Schildkrötenpanzer gewesen sein, in denen die ersten Suppen gekocht wurden. Doch das liegt im Dunkel der Frühgeschichte unserer Menschheit.

Wahres Suppenkochen setzte die Erfindung der Töpferei voraus, und die ereignete sich, soweit wir heute wissen, vor etwa 6000 Jahren in Mesopotamien, dem Zweistromland zwischen Euphrat und Tigris, von dem es heißt, es sei die erste Hochkultur gewesen.

Ausgrabungen in Mitteleuropa zeigen uns, daß es Suppentöpfe aus Stein und Holzteller auch schon vor etwa 5000 Jahren gegeben hat. Es werden wohl einfache Fleisch- und Fischsuppen mit ein wenig Wildkräutern gewesen sein, die in der Jungsteinzeit gekocht wurden, ehe unsere Vorfahren lernten, aus Gräsern Getreide zu kultivieren. Damit war auch die Brotsuppe entdeckt.

Von Mesopotamien gelangte das Suppenkochen schließlich nach Ägypten, dann nach Griechenland und Rom und wurde daraufhin in allen vom römischen Imperium besetzten Gebieten heimisch gemacht.

Eine Suppen-Hochblüte mit beispielloser Verschwendung brach in der Spätrenaissance und im Barock aus, was man den überlieferten Rezepten entnehmen kann: Man nehme sechs Kilogramm Rindfleisch, drei Kilogramm Schweinefleisch, ein Kilogramm Schöpsernes (Schaffleisch), ein Dutzend Fasane, übergieße alles mit 15 Liter Wasser und lasse es 40 Stunden leicht am Küchenherd köcheln. Dem Text hinzugefügt wurde noch, daß drei bis vier Rebhühner oder Wachteln für eine besondere Verfeinerung des Geschmacks sorgen würden. Das Fleisch wurde hinterher weggeworfen – aber die Suppe, die Suppe muß köstlich gewesen sein!

Vom Sonnenkönig Ludwig XIV. heißt es, er habe sich täglich mindestens vier Suppen servieren lassen, und da sein luxuriöser Hofstil europaweit nachgeahmt wurde, kann man ihn mit Recht als den größten Förderer des Suppenessens bezeichnen. In Paris war es auch, daß Anno 1765 ein Herr Boulanger, ein ehemaliger Straßenverkäufer, das erste Lokal eröffnete, in dem ausschließlich Suppen angeboten wurden. Es war ein Riesenerfolg! Über dem Lokaleingang hatte Boulanger ein Schild angebracht: »Kommt zu mir, wenn Euer Magen Euch quält, und ich werde Euch wieder aufrichten.« Er hatte diesen Satz in Latein geschrieben und das Wort »restaurabo« (von restaurare = wiederherstellen) verwendet, nicht im baulichen, sondern im körperlichen Sinn. Daraus entstand die Bezeichnung Restaurant.
Restaurant ist also Suppenküche! Mehr Restaurateure sollten sich dessen besinnen …

Wo kommt eigentlich der Name her?

Unser Wort Suppe stammt von dem mittel-niederdeutschen Wort »supen«, das soviel bedeutet wie »mit dem Löffel essen«. Den gleichen Wortstamm haben im Englischen »soup« und »supper« für das Abendessen, so auch das französische »souper« oder »soupieren«, sogar das italienische »zuppa«.
Eine Verbindung zur Bedeutung des Brotes für die Suppe schafft in ländlichen Gegenden Frankreichs der Begriff »la soupe« für Brot, das zusammen mit »le potage«, einer warmen Suppe, serviert wird.

Im Mittelalter war Suppe das Essen der armen Leute und bestand meist nur aus in Wasser oder Milch aufgekochtem Brot mit einigen Kräutern und Gemüsen. Die alte Gemeinsamkeit von Brot und Suppe findet sich noch heute im englischen

»broth« oder im italienischen »brodo«, obwohl beispielsweise »Tortellini in brodo« (siehe Seite 46) in einer klaren Suppe serviert werden und mit Brot nichts mehr zu tun haben.

14,6 Milliarden Suppen pro Jahr – Können so viele Menschen irren?

An Suppen muß wirklich viel dran sein, wie sonst sind diese wahrhaft unendlichen Zahlen zu erklären: In Deutschland, in Österreich und der Schweiz werden pro Jahr sage und schreibe 14,6 Milliarden Portionen Suppe gegessen. Können so viele Menschen irren?
Im Detail: 12,8 Milliarden Teller waren es in der BRD vor dem Zusammenschluß mit den Ostländern (neue Untersuchungen von dort liegen noch nicht vor).
Die Österreicher essen im Durchschnitt knapp 1,4 Milliarden Teller Suppe pro Jahr, was bedeutet: Jeder Österreicher – Kinder mit eingeschlossen – hat jeden zweiten Tag sein »Supperl«.
Die Schweiz hinkt mit nur 410 Millionen Tellern Suppe pro Jahr dem allgemeinen Eßverhalten etwas hintennach.

Ein tröstendes Gefühl im Bauch – Von der Psychologie des Suppenessens

»Die Suppe ist die Geliebte des Magens«, pflegte Antonin Carême, ein Pariser Meisterkoch des vergangenen Jahrhunderts, zu sagen. Heute würden wir das anders ausdrücken und uns an die Empfindungen von Leuten halten, die beim Suppenlöffeln ein wärmendes, tröstendes Gefühl im Bauch empfinden.
Aus vitalem Interesse hat die Firma »Knorr« vor einigen Jahren eine Studie bei Dr. Helene Karmasin vom »Institut für Motiv-

forschung« in Wien in Auftrag gegeben. Mit der Fragestellung: »Was haben die Leute für oder gegen Suppen?« Die Antworten waren hochinteressant, wir dürfen sie im Detail veröffentlichen.

Die positiven Motive fürs Suppenessen umfassen folgende Schlagworte: Wärme, Fürsorge, Familie, leicht und gesund, preiswürdig. Nach Details befragt meinten die Interviewpartner, die dem Suppenessen wohlwollend gegenüberstehen, daß die Suppe eine Mahlzeit erst zur Mahlzeit mache, daß sie eine risikolose Speise sei, die kaum mißlingen könne, und daß sie von weiblicher, verwöhnender Zuwendung und Fürsorglichkeit des Haushalts spreche.

Als besonders erbaulich werden die Vorfreude auf das Essen und das »Hineinschlürfen« der Suppe in flüssiger oder halbflüssiger Form bewertet. Psychologen orten übrigens eine frühkindliche lustvolle Form von Essensaufnahme – aus den Zeiten der Mutterbrust.

Die schönsten Assoziationen der Suppenliebhaber kreisen um die Bilder einer dampfenden Schüssel, die den Beginn eines gemeinsamen Essens markiert.

Es gibt freilich auch Negativbilder: Suppengegner belegten in der Karmasin-Studie ihre ablehnende Haltung mit folgenden Begriffen: Armenkost, Krankenkost, alt, traditionell, gewöhnlich, gestreckte Suppen in Kantinen und Lokalen, Dickmacher (im Vergleich zu Salat), meist zu heiß (offenbar ein Kindheitstrauma), Verwertung von Resten, die eigentlich weggeworfen werden sollten. Das kam vor allem aus dem Mund von Kindern und Jugendlichen. Und dann noch: »Es gibt interessantere Speisen, Suppe kann zugunsten eines Desserts eliminiert werden.«

Aus diesen ablehnenden Reaktionen kann der Autor, dessen drei Söhne »Suppentiger« geworden sind, nur folgenden Rat an die Eltern weitergeben:

- Servieren Sie Ihren Kindern, je kleiner sie sind, um so weniger heiße Suppen. Wir Erwachsenen können unsere Lust bezähmen, Kinder dagegen greifen hemmungslos zum Löffel – und verbrennen sich die Lippen.
- Zwingen Sie Ihre Kinder nicht, Suppen zu essen, die ihrem Geschmack nicht entsprechen. Drohen Sie nicht mit Strafmaßnahmen, wenn die Suppe nicht gegessen wird. (Die Geschichte vom Suppenkaspar aus dem »Struwwelpeter« hat schon genug Schaden in der Kindererziehung angerichtet.)
- Kochen Sie lustige, bunte Suppen, verwenden Sie als Einlage für Bouillons beispielsweise Buchstabennudeln.
- Nehmen Sie Ihre Kinder in die Küche mit und lassen Sie sie an der »Suppenwerdung« teilhaben, um ihnen zu zeigen, daß frische Zutaten, frische Gemüse und nicht Reste zum Wegwerfen verwendet werden.

Ehe es Eltern zulassen, daß eine weitere Generation von Instant-Food-, Pommes- und Ketchup-Freaks heranwächst, sollten sie sich vielleicht mehr um die »Renaissance der Suppenküche« kümmern.

»Jemandem die Suppe versalzen« ...

... und andere Sprichwörter und Redensarten

Welch große Bedeutung Suppen für die Ernährung der Menschen seit vielen Jahrhunderten haben, beweist die Existenz von zahllosen Sprichwörtern und Redensarten – nicht nur im deutschen Sprachraum, sondern in ganz Europa. In den Lexika für Sprichwörter und Synonyme finden sich diesbezüglich seitenlange Hinweise. Viele Wendungen sind aus der Mode gekommen, als historische Reminiszenz aber immer noch von Interesse. Andere jedoch gibt es bis heute im allgemeinen Sprachgebrauch, vor allem in ländlichen Gegenden.

- *»Zur Suppe laden«* oder *»die Suppe versäumen«* stand generell für »die Mahlzeit«, zu der man kommen sollte oder die man verpaßt hat.
- *»Jemandem in die Suppe fallen«* bedeutete, unerwartet zu Besuch zu kommen, wenn gerade gegessen wurde.
- *»Die gelbe Suppe«* galt zu Luthers Zeiten als Synonym für üppiges Essen, weil der kostbare Safran dafür verwendet wurde.

Auch viel Scherzhaftes und Ernsthaftes ist hier zu finden: Als *»Schnittlauch auf allen Suppen«* gilt bis heute jemand, der auf vielen Partys Gesichtsbäder nimmt und sich in der High society wichtig macht. *»Die hat die Suppe versalzen«* bezieht sich auf eine verliebte Köchin, man sagt aber auch: *»Die Suppe ist angebrannt, die Köchin will freien.«*
Man sagt *»Klar wie Kloßbrühe«* wenn alle Probleme aus dem Weg geräumt sind. *»Suppentiger«* oder *»Suppenschwabe«* nennt man Leute, die gerne Suppe essen. *»Man kann nicht suppen und blasen zur selben Zeit«* heißt ein Sprichwort in Dänemark.
Das Negativbeispiel ist der *»Suppenkaspar«* aus Heinrich Hoffmanns Struwwelpeter von 1845, der nach Ansicht moderner Psychologen viel Unheil über die Kind- und Menschheit gebracht hat.

Häufig sind auch Redewendungen, die sich auf das in alten Zeiten fast kriminelle Verhalten beziehen, eine Suppe zu verderben oder unappetitlich zu machen: *»Jemandem in die Suppe spucken«* oder *»Der findet immer ein Haar in der Suppe«* und auch *»Jemandem gehörig die Suppe versalzen«*. Für einen Gifttrank stand die Redewendung: *»Einem eine welsche Suppe kochen.«*
Für jemanden, der sich selbst in Schwierigkeiten gebracht hat, gilt noch immer der Satz: *»Jemand muß selbst die Suppe auslöffeln, die er sich eingebrockt hat.«* Von Bräuten, die sich bald nach der Hochzeit als schwanger erwiesen, hieß es: *»Die hat auch keine Suppe umsonst angerichtet.«*

Als *»Suppendiener«* bezeichnete man Schmeichler, als *»Suppenfreundschaft«* eine, die hauptsächlich auf das Einladen zum Essen gerichtet war, als *»Suppenpoet«* einen Redner, der nur aus Berechnung schöne Worte fand. Und *»Suppendemut«* nannte man kriecherische Unterwürfigkeit.

Von Suppen kann man leben ...

Warum sagen viele Leute: »Von Suppen könnte ich leben«? Sie wissen instinktiv, warum: Die meisten Suppen enthalten nämlich alle wichtigen Bestandteile, die der Mensch zum Leben braucht – und zwar in einem ausgewogenen Verhältnis zwischen Eiweiß, Fett und Kohlenhydraten. Wenn noch viele Gemüse und Kräuter verwendet werden, sind auch die nötigen Vitamine und Mineralstoffe enthalten.

... und sie machen auch nicht dick!

Ein altes Vorurteil heißt: »Suppen machen dick.« Das ist nicht wahr! Was tatsächlich dick macht, wissen Ernährungswissenschaftler seit langem. Erstens zuviel und zweitens das falsche Essen, einseitige Ernährung mit viel Brot und Wurst, viel Fleisch, Pommes frites und Nudeln und zudem noch Süßigkeiten. Und das alles in Kombination erst recht!

Die Suppe als »Dickmacher« ist in den Analysen der Ernährungsforscher nicht zu finden. So enthält beispielsweise ein Teller klare Rinderbouillon lediglich um die 18 kcal (= 75 kJ). Im Vergleich dazu: Ein Brötchen oder eine größere Brotschnitte enthält um die 85 kcal (= 355 kJ). Gebundene Gemüsesuppen, Fleischsuppen mit Nudeln und gebundene Pilzsuppen liegen bei etwa 70 kcal (= 293 kJ) und können je nach Zutaten einen Nährwert von bis zu 110 kcal (= 460 kJ) erreichen.

Redlicherweise muß natürlich gesagt werden, daß reichhaltige Luxussuppen mit Butter und Sahne bis zu 400–500 kcal enthalten können, was aber auch nur einem mit Schinken und Käse belegten Brot entspricht.
Mehr und mehr Leute, die auf ihre Linie achten wollen oder müssen, haben folgenden Weg eingeschlagen. Abends essen sie zuerst eine leichte Suppe, um den großen Hunger nach dem Heimkommen zu stillen. Danach – so stellt sich heraus – genügen ein wenig Salat, magerer Schinken, Käse, Knäckebrot und Obst, um bis zum Frühstück durchzuhalten, ohne vor Hunger aufzuwachen und den Kühlschrank zu plündern. Suppen also als Schlankmacher und Schlankerhalter? Probieren Sie es!

Geräte für die Suppenküche

Entsprechende Pfannen, Kochtöpfe, Messer, Kochlöffel, Fleischgabeln zum Anstechen usw. sollten in einer gut ausgerüsteten Küche Selbstverständlichkeit sein. Für die Suppenzubereitung empfehlen sich darüber hinaus folgende Gerätschaften:

- ein weites *Drahtsieb* mit etwa 25 Zentimeter Durchmesser;
- ein kleines *Drahtsieb* mit 15 Zentimeter Durchmesser;
- ein großes *Sieb aus Hartplastik* zum Seihen von Knochen, Gemüsen, Nudeln usw.;
- ein dicht gewebtes *Leinentuch*, faserfrei und oftmals gewaschen, zum Durchseihen und Klären von Suppen;
- ein *Schneebesen*;
- eine *Schaumkelle*;
- eine flache *Schöpfkelle* zum Entfetten;
- kleine *Metallformen* für die Herstellung von Eierstich (siehe Seite 41);
- unverzichtbar ein *Mixer* zum Pürieren und ein *Handmixer mit Pürierstab*;

- eine *Knoblauchpresse*;
- eine *Muskatreibe* (für Kartoffel- und Gemüsesuppen);
- eine gute *Pfeffermühle* und schließlich
- ein *Gemüseschneider* mit geringem Energieverbrauch, wie ihn heute viele Erzeuger anbieten, der viel Arbeit erspart.

Das Thema »Druckkochtopf«

Die großen Meister der Suppenküche lehnen die Verwendung von Druckkochtöpfen glattwegs ab. Sie müssen freilich nicht in grober Eile arbeiten und schlagen den Energieverbrauch für stundenlange Suppenzubereitung ohnedies auf die Restaurantpreise auf.

Wenn es jedoch im Haushalt schnell gehen muß, ist ein Druckkochtopf durchaus sinnvoll: Die Zeit der Zubereitung für Fleischsuppen wird auf ein Drittel verkürzt, die Energie-Ersparnis beträgt bis zu 50 Prozent. Dies beruht auf der Möglichkeit, daß nach Erreichen des entsprechenden Druckes auf ganz kleine Hitze zurückgestellt werden kann.

Hübsches Geschirr steigert die Suppenfreude

In einem Haushalt, in dem oft Suppen gekocht und liebend gern gegessen werden, sollte auch für entsprechendes schönes Geschirr gesorgt sein:

- Der alte Suppenteller wird in der gehobenen Küche mehr und mehr von Schalen oder *Tassen mit Henkel und Unterteller* abgelöst.
- Wertvolle Consommés oder Consommés doubles, aber auch luxuriöse gebundene Suppen, werden in kleinen *Henkeltassen* serviert, die etwa $^{3}/_{16}$ Liter enthalten und aus denen gelöffelt oder getrunken werden kann.

- *Feuerfeste Suppenschalen* sollten vorhanden sein, wenn es darum geht, etwas im Backofen zu überbacken.
- Zum entsprechenden Geschirr gehören schließlich auch *Suppenterrinen* verschiedenster Größe.

Welche Suppe zu welcher Hauptspeise?

»Die Suppe ist die Geliebte des Magens«, formulierte es der große französische Küchenchef Antonin Carême zu Napoleons Zeiten. Wie recht er doch hatte! Nicht nur in Frankreich, sondern seit urdenklichen Zeiten auch im deutschen Sprachraum, war ein festliches Menü eine Art »Gebäude«, das es sorgsam zu errichten galt. Die Suppe war das Fundament.

Folgt man diesem Prinzip, dann kommt es darauf an, welche Suppen vor welchen Hauptgerichten gereicht werden. Dafür gibt es zwar keine festen Regeln, aber das Eßgefühl sagt einem, wie die Speisefolge aussehen sollte. Einige Empfehlungen:

- Die Farbe der Suppe spielt eine Rolle: Man wird wohl nicht rote Tomatensuppe vor einem Gulasch servieren oder weiße Knoblauchsuppe vor einem mit Knoblauch gewürzten, hellen Ragout.
- Knoblauch und Knoblauch verträgt sich ebensowenig wie Zwiebelsuppe mit Zwiebelfleisch. Man sollte also auf geschmackliche Vielfalt achten.
- Ebenso ist es nicht ratsam, beispielsweise Kräutersuppe als »Starter« vor ein Hauptgericht zu stellen, das mit vielen Kräutern zubereitet ist.
- Es spricht allerdings nichts dagegen, bei einer »Spargel-Orgie« die entsprechende Suppe vor den diversen Spargel-Spezialitäten zu reichen. Es gilt, alle Teile des kostbaren Gemüses zu verwerten.
- Feinschmecker schätzen es besonders, eine Fischsuppe aus

den Köpfen und Innereien vor dem Fisch-Hauptgericht zu servieren – oder eine Hummersuppe, ehe das Hummerfleisch aufgetragen wird.

- Bei einem relativ leichten Hauptgericht aus gebratenem Fleisch empfiehlt es sich, zuvor eine gebundene Suppe zu servieren.
- Eine klare Suppe sollte vor Fleischgerichten mit Sauce und ausgiebigen, füllenden Beilagen gereicht werden; klare, dünne und leichte Suppe auch, wenn darauf noch eine warme Vorspeise, ein Hauptgericht und ein oder zwei Desserts folgen.

Es gilt also, Geschmack, Zubereitungsart und Farbe der Suppe auf die nachfolgenden Speisen abzustimmen – oder aber, ganz im Sinne des Autors, umgekehrt.

Gut gewürzt ist halb gewonnen

»Die Supp' hätt' können gewürzter sein«, vermerkte Dichterfürst Johann Wolfgang von Goethe während einer seiner Reisen im Tagebuch. Wie recht er doch hatte! Gut gewürzt ist auch in der Suppenküche halb gewonnen.

Viele Gartenkräuter stehen für uns bereit, viele getrocknet für die kalte Jahreszeit und überdies eine Vielfalt exotischer Gewürze. Wir müssen uns nur entschließen, sie in ausreichendem Maße zu benützen, damit »die Supp« gewürzter ist. Goethe hätte seine Freude daran gehabt ...
Für Bouillons aller Art verwenden wir Petersilie, Kerbel, Liebstöckel oder auch nur die Stiele dieser Gartenkräuter.
Zum Garnieren, Bestreuen und Dekorieren der Suppen sind besonders beliebt: die Blätter von Petersilie und Kerbel, fein gehackte Frühlingszwiebeln, Schnittlauch und auch Streifen

von Lauch. Estragon und Salbei sind in der Suppenküche nur bedingt einsetzbar, für einige Spezialrezepte aber vonnöten. Im übrigen gilt:

- Bohnenkraut für Bohnensuppen und Erbsensuppen;
- Gurkenkraut (Borretsch) für warme oder kalte Gurkensuppen;
- Dill für Fischsuppen und Kaltschalen;
- Zitronenmelisse für kalte Fruchtsuppen;
- Majoran und Thymian (frisch oder getrocknet) sind wichtige Gewürze für Suppeneinlagen, vor allem in der österreichischen und in der Mittelmeer-Küche;
- Wacholderbeeren und Thymian für ländliche Suppenspezialitäten;
- Muskatnuß oder Muskatblüte eignen sich besonders für alle Kartoffel- und Gemüsesuppen;
- Kümmelkörner oder gemahlener Kümmel sind von jeher ein wichtiges Gewürz für rustikale Suppen;
- Paprikapulver, in mild-süßer, mittelscharfer oder scharfer Form erhältlich, ist ein wichtiger Geschmacksbestandteil für Suppenrezepte aus dem Osten Österreichs, aus Ungarn und den Balkanstaaten;
- Cayenne- oder Chilipfeffer sorgen für die entsprechende Schärfe in orientalischen Suppen;
- Basilikum (frisch oder getrocknet) gewinnt für Gemüsesuppen immer mehr an Beliebtheit;
- Origano, Lorbeer und Rosmarin helfen uns bei der Geschmacksverbesserung von mediterranen Suppen;
- Gewürznelken werden, in Zwiebeln gesteckt, für luxuriöse Bouillons verwendet;
- Zimtpulver ist ein »Muß« für die meisten Weinsuppen, Zimtrinde für süße Suppen und Kaltschalen;
- Safran macht nicht nur den Kuchen, sondern auch die Suppen gelb.

Oft wird allerdings Safran vermutet, wo die Gelbwurz (Kurkuma) enthalten ist, jene asiatische Pflanze, die getrocknet und gerieben den wesentlichen Bestandteil des Currypulvers ausmacht. Echter Safran, die Staubgefäße einer Krokusart, sind mit Gold aufzuwiegen und als Safranstreifen im Handel erhältlich. 100.000 Blüten braucht man für ein Kilogramm des teuersten Gewürzes der Welt!

Pfeffer, aber welchen?

Pfeffer ist das wichtigste Gewürz in unserer Küche, auch was die Suppen betrifft. Die Frage ist nur, welche Sorte verwendet werden sollte, wann und wie.
Viele Meister der Kochkunst sind der Auffassung, daß weißer Pfeffer grundsätzlich für Suppen besser geeignet sei als schwarzer. Nun, das ist eine reine Geschmacksfrage. Ich persönlich kann und will nicht ohne frisch gemahlenen Pfeffer aus der Mühle kochen.
Im Prinzip sollte gelten: Weißer Pfeffer für weiße Suppen, schwarzer Pfeffer für dunkle Suppen. In beiden Fällen muß das köstliche Gewürz so spät wie möglich dazugegeben werden, weil sich das Aroma durch langes Kochen verflüchtigt. Übrigens: Pfefferkörner in Fleischbouillons mitzukochen, ist eine uralte Suppentradition.

Das angebliche Glutamat-Problem

In der chinesischen Küche wird Glutamat unter dem Namen Ve-tsin-Pulver seit alten Zeiten verwendet (siehe auch Seite 225), weil es die Geschmackspapillen an der Zungenwurzel öffnet und damit jeder Speise ein intensiveres Aroma verleiht. Deshalb wird es »Geschmacksverstärker« genannt. Natürlicherweise ist Glutamat in Tomaten und in Parmesan enthalten, was, ohne daß die chemischen Zusammenhänge be-

kannt waren, zu großer Beliebtheit dieser beiden Ingredienzien geführt hat.
Nun gab es vor einigen Jahren eine von Australien ausgehende Intrige gegen die chinesische Küche, die zur völligen Verunsicherung der Konsumenten geführt hat: »Glutamat ist gesundheitsschädigend, es erzeugt Allergien!« Nichts davon ist wahr, wie mir Mediziner versichert haben. Ebenso wie manche Leute auf Erdbeeren und Kiwis allergisch reagieren, kann dies auch bei Glutamat der Fall sein. Normalerweise aber ist es völlig harmlos.

Brühwürfel zum Würzen

Es ist längst keine Schande mehr, Brühwürfel statt Bouillon zu verwenden oder selbst zubereitete Fleischsuppen damit zu würzen. Der Extrakt aus Rind- oder Hühnerfleisch und die enthaltenen Gewürze sind heute von solcher Qualität, daß wohl nur Spezialisten zwischen »echt« und »artifiziell« unterscheiden können.
Selbst in Eßmagazinen findet sich bereits die Empfehlung: »Bouillon – auch aus Brühwürfeln.« Ich weiß mit Gewißheit, daß sogar in Spitzenrestaurants zunächst eine kräftige Bouillon gekocht und diese anschließend noch mit dem »Würfel« nachgewürzt wird.
Der Suppenwürfel entspringt übrigens einer Erfindung des berühmten deutschen Chemikers Justus Liebig (1803–1873), der in der Mitte seines Lebens auf die Idee kam, eine Essenz aus Rindfleisch herzustellen. Sein »Extract« wurde durch farbige Sammelkarten legendär, die jeder Packung beigefügt wurden und heute beliebte Sammelobjekte sind.
Und noch ein wenig Suppen-Historie: Karl Heinrich Knorr verlegte sich auf die industrielle Herstellung von Suppen, und der Berliner Koch Grüneberg erfand die berühmte »Erbswurst«, die wohl allen Älteren unter uns noch in bester Erinnerung ist.

Streitfrage: Wein zur Suppe?

Ob auf diese Frage die Antwort »ja« oder »nein« lauten sollte, ist eine alte Diskussion unter Feinschmeckern. Ich würde sagen: Warum nicht? Diese Entscheidung sollen – fernab jeder Etikette – Köchin oder Koch für sich selbst treffen oder einfach die Gäste fragen.
Lautet die Antwort »ja«, empfehle ich aus Geschmacksgründen, einige Dinge im voraus zu überlegen:

- Kräftige Suppen wie z. B. Consommés aus Rind- oder Wildfleisch werden mit einigen Tropfen trockenem Sherry verfeinert. Darum sollte Sherry auch als Aperitif gereicht und zur Suppe fortgesetzt werden.
- Falls als Aperitif Champagner getrunken wird, paßt dieser auch zur Suppe.
- Werden Weinsuppen serviert, ist es geradezu Pflicht, dieselbe Sorte – beispielsweise Traminer oder Riesling – zu kredenzen.
- Wenn Biersuppe gereicht wird, ist Bier natürlich ein Muß.
- Zu Fischsuppen paßt trockener Weißwein oder noch besser Rosé.
- Zu dunklen Gemüsesuppen ist eher Rotwein, zu hellen Gemüsesuppen eher Weißwein geeignet.
- Bei scharfen Suppen empfiehlt sich ein vollmundiger, milder Rotwein.
- Und schließlich: Chinesischen Suppen steht ein Schälchen Reiswein recht gut an.

Klare Suppen aus Rindfleisch

Während beispielsweise Japaner die Basis für ihre Suppen zubereiten, indem sie Seetang mit heißem Wasser überbrühen, ist in unserem Kulturkreis der Sud aus gekochtem Rindfleisch oder Rindfleischknochen der Inbegriff für Suppe schlechthin.

Allgemeine Tips

Brühe oder Bouillon?

Zu den Begriffen in diesem Buch kurz eine Erläuterung: Im Deutschen sagen wir einfach Fleischbrühe oder Kraftbrühe, im internationalen Sprachgebrauch, auch auf Speisekarten, haben sich jedoch die französischen Bezeichnungen durchgesetzt:

- *Bouillon* für Brühe (vom französischen »bouillir«, was soviel wie kochen oder köcheln bedeutet);
- *Consommé* für Kraftbrühe;
- *Consommé double* für die besonders geschmacksintensive Kraftbrühe, wenn nochmals Fleisch in einer bereits zubereiteten Bouillon gekocht wird.

Wir wollen diesem Trend folgen.

Zu den Mengen

Für eine gute Bouillon ist es ratsam, gleich eine größere Menge, etwa drei Liter, in einem Arbeitsgang fertigzustellen, wobei die Verdunstung zu berücksichtigen ist.

Falls etwas schiefgehen sollte

Es sollte zwar nicht vorkommen, aber es kann schon geschehen, daß die mit Mühe zubereitete Bouillon oder Consommé trüb wird. Dann ist guter Rat teuer.

Folgender Tip: Aus einem Eiweiß pro Liter Suppe Eischnee schlagen und mit dem Schneebesen kräftig in die kochende Suppe einrühren, fünf Minuten simmern, etwas abkühlen lassen, dann wieder durch ein dichtes Leinentuch seihen. Das Eiweiß bindet die trübenden Schwebestoffe.

Diese Methode stammt übrigens aus Rezepten zum Klären von Aspik und hat sich auch bei Suppen bestens bewährt.

Zum Thema »Einfrieren«

Alle Arten von Rindfleisch- oder Knochenbouillons können in Portionsgefäßen tiefgefroren werden. Auch in Polyethylen-Beuteln, indem man diese in entsprechende Plastikformen stülpt, vollfüllt und mit einem festen Knoten, zur Sicherheit auch noch mit einem Gummiring, verschließt. Die Beutel gut beschriften und schockfrieren.

Zum Auftauen der Bouillon in Gefäßen oder Beuteln werden diese in warmes Wasser gestellt, bis die Flüssigkeit so weit aufgetaut ist, daß sie aus der Hülle in einen Kochtopf gleiten kann. In diesem wird sie dann langsam erwärmt.

Kalt macht trüb!

Falls aus irgendwelchen Gründen (vielleicht, weil sie zu salzig ist) eine Bouillon noch etwas Wasser benötigt, darf dieses niemals kalt eingegossen werden. Dadurch entstünde milchige Trübe!
Deshalb mein Tip: Wenn Sie Wasser zugeben, dann immer kochend heiß in die kochende Bouillon!

Zucker in die Suppe?

Ja! Denn er ist gleichsam ein Geheimtip in der Suppenküche, vor allem wenn es darum geht, die natürliche Säure von Fleischbouillons abzurunden. Das tut in vielen Fällen gut, ein halber Kaffeelöffel pro Liter genügt für eine Geschmacksaufbesserung.

Verwertung der Bouillonreste

Was geschieht mit den Resten unserer Bouillon-Kocherei?
Über Stunden völlig ausgekochtes Suppenfleisch wird so strohig sein, daß es nicht mehr schmeckt, wohl nur noch als Hunde- oder Katzenfutter geeignet ist. Die Ausnahme machen große Rindfleischstücke, die von der Wade (Hesse) stammen. Sie sind sehr kompakt, enthalten viel Bindegewebe und können – abgekühlt und hauchdünn aufgeschnitten – als Suppeneinlage verwendet werden. Eine weitere Möglichkeit: Man mariniert das Fleisch süß-sauer und richtet es mit Zwiebelringen als Rindfleischsalat an.
Falls Wurzelgemüse (Möhren, Petersilienwurzel etc.) das lange Kochen in halbwegs fester Konsistenz überstanden haben, können sie fein geschnitten als Einlage in einer Bouillon serviert werden. Es hängt sehr von der Jahreszeit und der Qualität der

Gemüse ab, ob sie zerkocht sind oder nicht. Wenn ja, müssen sie weggeworfen werden.
Gehacktes oder durch den Fleischwolf gedrehtes mageres Rindfleisch, das für die »schnellen Bouillons« verwendet wurde, läßt sich zusammen mit den Gemüsen noch immer als Beigabe zu Ragouts oder zu Sugo für Spaghetti verwenden. Gute, teure Zutaten sollten eben nicht vergeudet werden!

Die klassische Bouillon

1000 g große Fleischstücke von der Wade (Hesse) oder anderes Suppenfleisch

evtl. ½ Suppenhuhn oder 1 Hühnergerippe

einige Kalbsknochen · 3 l Wasser · 1 Stange Lauch · 3 Möhren

1 Petersilienwurzel · 1 Stange Sellerie

evtl. 1 Knoblauchzehe · 1 große Zwiebel

3 Gewürznelken · 1 TL Salz

Fleisch und Knochen kalt waschen und in einen weiten Kochtopf auf einen Drahteinsatz schichten, dann mit dem kalten Wasser aufgießen. Ganz langsam erhitzen, damit das Fleisch Schaum absondert, den Schaum in Abständen abschöpfen. Dieser Vorgang kann länger als eine Stunde dauern.
Unterdessen die Gemüse putzen und die Gewürznelken in die geschälte Zwiebel stecken. Schließlich die Gemüse in den Topf geben, den sich neu bildenden Schaum abschöpfen und alles zugedeckt, wobei der Deckel nicht ganz aufliegen darf, etwa drei Stunden ganz leicht kocheln lassen, wenig salzen. Wenn die Bouillon fertig ist, durch ein feuchtes Leinentuch seihen, das in einem großen Sieb liegen sollte.

Tip: Um die Bouillon zu entfetten, empfiehlt es sich, sie lauwarm in den Kühlschrank zu stellen, im Winter können Sie den Kochtopf ins Freie stellen. Wenn die Zeit dafür nicht reicht, das Fett entweder mit einem Löffel abschöpfen oder einige Lagen Küchenkrepp über die Oberfläche ziehen.

Schnelle Bouillon

Ihre Zubereitung dauert nicht länger als eine Stunde, die Zutaten sind die gleichen wie bei der klassischen Bouillon, aber ohne Knochen.
Das Suppenfleisch in ganz kleine Stücke schneiden oder besser noch durch den Fleischwolf drehen und die Gemüse fein hacken. Das Zerkleinern bewirkt, daß die Oberfläche der Zutaten größer ist und dadurch die Geschmackstoffe schneller ans Wasser abgegeben werden.
Alle Zutaten in einen Kochtopf geben, mit kaltem Wasser aufgießen, langsam erhitzen und ständig rühren, bis der Siedepunkt erreicht ist. Dann – halb zugedeckt – bei ganz kleiner Hitze weiterköcheln, bis die Suppe klar geworden ist. Wie bereits beschrieben, die Bouillon durch ein Tuch seihen und ebenso entfetten.

Die »Consommé«

Vorsicht mit Salz bei der Bouillon! Entschließt man sich, daraus eine Consommé herzustellen, wäre diese hoffnungslos versalzen.

Um diese kräftige Suppe herzustellen, die völlig entfettete Bouillon kurz aufwärmen, nochmals durch ein Tuch gießen, damit sie glasklar wird, dann so lange simmern, bis die Flüssigkeitsmenge auf die Hälfte reduziert ist.

Consommé double

Feinschmecker geraten ins Schwärmen, wenn sie von der Consommé double hören, auch »doppelte Kraftbrühe« genannt. Sie ist in Restaurants wegen des großen Aufwandes und Energieverbrauches entsprechend teuer.

500 g sehr mageres Rindfleisch

1 l Bouillon · evtl. etwas trockener Sherry

Das Rindfleisch in grobe Stücke schneiden, in eine Kasserolle mit Siebeinsatz schichten und mit der kalten, klaren Bouillon aufgießen. Dann wie bei der einfachen Consommé verfahren: sehr langsam erhitzen, den entstehenden Schaum abschöpfen, etwa eineinhalb Stunden halb zugedeckt köcheln lassen und neuerlich durch ein angefeuchtetes Leinentuch seihen und entfetten. Die Consommé double muß durchsichtig sein wie feinstes Rauchglas, ohne jedes Fettauge an der Oberfläche. Eventuell mit ein wenig trockenem Sherry abschmecken und ohne weitere Zutaten oder mit feinsten Suppeneinlagen (siehe Seite 38 ff.) servieren.

Rindfleisch-Knochen-Bouillon

500 g Rinderknochen · 3 l Wasser

500 g Rindfleisch · 1 Zwiebel · 1/2 Stange Lauch

3 Möhren · 1 Selleriewurzel

1 Petersilienwurzel · 1 Knolle Sellerie

einige Blätter von Liebstöckel, Petersilie, Kerbel und Sellerie

1 TL Salz · 10 Pfefferkörner

evtl. 1 Stück Leber, Milz oder Herz vom Rind

Die Rinderknochen in etwas Wasser aufkochen, kalt waschen und mit Wasser aufgießen. Dann das Fleisch und die geputzten Gemüse dazugeben, wenig salzen und alles etwa zwei Stunden mit den Pfefferkörnern leicht köcheln lassen. Die Innereien erst beifügen, wenn die Suppe aufgekocht hat.

Bei behutsamem Umgang mit der Hitze sollte diese Bouillon auch ohne Abschöpfen des Schaumes sehr klar werden. Wie üblich abseihen und entfetten – vielleicht nicht ganz so sorgfältig, weil manche Feinschmecker ein paar Fettaugen in der Suppe durchaus schätzen.

Dunkle Bouillon

In manchen Teilen unseres Eßkulturkreises wird eine Rindfleischbrühe nur dann geschätzt, wenn sie dunkelbraun ist. Sie muß sozusagen »nach etwas aussehen«, um zu schmecken. In diesem Fall die Bouillon wie eben beschrieben zubereiten, aber die Zwiebel samt der Schale in die Hälfte schneiden und an den Schnittstellen entweder in Öl oder auf der Herdplatte braun anrösten.

Der gleiche Effekt wird erzielt, wenn Sie die Gemüse in Scheiben schneiden und in wenig Öl anrösten, bis ein Teil davon gebräunt ist.

Fenchelcremesuppe, Rezept auf Seite 139

Klare Ochsenschwanzsuppe

Ochsenschwanz hat eine Sonderstellung unter den aus Rindfleisch zubereiteten Suppen, weil er seit urdenklichen Zeiten, selbst im anglikanischen Sprachraum, als besondere Delikatesse gilt.

1000 g Ochsenschwanz · 1/2 Kalbshaxe

3 EL Öl · 1 TL Salz

300 g Wurzelgemüse aus folgenden Zutaten zu gleichen Teilen: Zwiebel, Möhren, weiße Rüben, Lauch, Knollensellerie, Stangensellerie

10 g schwarze Pfefferkörner · 1 Prise Thymian

1 Prise Zucker · 3 l Wasser

250 g gehacktes, mageres Rindfleisch · 4 Eiweiß zum Klären

1/8 l Sherry · Pfeffer aus der Mühle

in Butter geröstete Weißbrotscheiben als Einlage

Den Ochsenschwanz am besten vom Metzger säubern und in fünf bis sieben Zentimeter dicke Scheiben schneiden lassen. Die Kalbshaxe in drei Teile teilen. Das Fleisch gut mit kaltem Wasser abspülen, abtropfen, ein wenig salzen und in einer weiten Pfanne im Öl rösten. Ständig wenden, bis das Fleisch zu bräunen beginnt. Dann die fein geschnittenen Gemüse dazugeben und in der Pfanne ebenfalls bis zum Bräunen rösten. Ochsenschwanz und Kalbshaxe mit den Gemüsen und Gewürzen in einen Suppentopf schichten, mit kaltem Wasser aufgießen und zum Kochen bringen. Falls sich Schaum bildet, diesen mit einer Schaumkelle abschöpfen. Halb zugedeckt etwa zwei Stunden köcheln lassen.
Danach die Ochsenschwanzscheiben aus dem Topf heben und etwas auskühlen lassen. Das Fleisch von den Knochen lösen,

klein schneiden und zugedeckt aufbewahren. Die Knochen wieder in die Suppe geben und mit dieser weiterköcheln, Schaum und aufsteigendes Fett sorgsam abschöpfen.
Nach weiteren zwei Stunden sollte der Ochsenschwanzsud fertig sein. Wie üblich abseihen, kühlen und völlig entfetten. Unterdessen das grob gehackte Rindfleisch mit dem Eiweiß fest verrühren und langsam mit dem Schneebesen mit der abgekühlten Ochsenschwanzbrühe vermengen. Diese Mischung wieder auf den Herd stellen, unter ständigem Schlagen klar werden lassen und etwa 20 Minuten köcheln, schließlich den Sherry zugießen.
Die nunmehr fertige Ochsenschwanzsuppe kellenweise durch ein befeuchtetes Leinentuch abseihen, mit etwas Pfeffer aus der Mühle und, falls nötig, noch mit etwas Salz abschmecken. Die abgelösten Fleischteile in Suppenschalen geben, mit der neuerlich erhitzten Suppe übergießen und mit in Butter gerösteten Weißbrotscheiben servieren.

Tip: Wie bei Bouillon und Consommé lohnt sich der Aufwand nur, wenn eine entsprechend große Menge zubereitet wird. Sie können die Ochsenschwanzsuppe auch einfrieren.

Kräftige Knochen-consommé

Aus der auf Seite 32 beschriebenen Bouillon aus Rinderknochen und Gemüsen läßt sich im nachhinein auch eine Consommé herstellen.

500 g mageres Rindfleisch
1/4 l Wasser
4 Eiweiß
2 l klare Rinderknochenbouillon

Das völlig fettfreie Rindfleisch fein hacken oder durch den Fleischwolf drehen, mit kaltem Wasser und rohem Eiweiß gut verrühren, dann mit der entfetteten Knochenbouillon auffüllen und erhitzen. Unter ständigem Umrühren diese Mischung aufkochen, dann zwei bis drei Stunden langsam köcheln lassen. Nach dieser Zeit die Flüssigkeit vorsichtig durch das übliche Leinentuch abseihen, entweder vorher oder nachher (durch Abkühlen, siehe Tip Seite 30) entfetten.

Kalbscremesuppe

1000 g Kalbsknochen

1 Stück Kalbfleisch oder Reste vom Kalbsbraten

1 Möhre · 1 Petersilienwurzel

1 kleine Zwiebel · $^1/_2$ Stange Lauch

5 Pfefferkörner · 1 l Wasser oder leichte Bouillon

Salz · 1 EL Butter · 1 $^1/_2$ EL Mehl

2 Eigelb · gehackte Petersilie zum Bestreuen

Die Kalbsknochen schon beim Metzger zerschlagen oder in Scheiben schneiden lassen, mit dem Kalbfleisch, den Gemüsen und den Pfefferkörnern in Salzwasser oder Bouillon ein bis zwei Stunden kochen und danach abseihen. Die Suppe abkühlen lassen, das Fleisch, eventuell auch die weichen Knorpel, und die Gemüse herausheben und fein hacken oder durch den Fleischwolf drehen. Ebenso verfährt man, wenn Bratenreste verwendet werden sollen.

Dann die Mischung aus Fleisch und Gemüse in der Butter gut rösten, mit Mehl bestäuben und mit der abgeseihten und abgekühlten Suppe übergießen. Nach kurzem Aufkochen mit dem gut verquirlten Eigelb legieren und mit Brotscheiben oder jeder Art von Pafesen (siehe Seiten 59, 60 und 61) sowie mit gehackter Petersilie bestreut servieren.

Einlagen für Rindfleischbrühe

Bouillon, Consommé und die anderen Brühen aus Rindfleisch und Knochen sind hoffentlich gelungen, für die weitere Verwendung gibt es nun zahlreiche Möglichkeiten: viele klassische Rezepte, etwas ausgefallenere … Wie schon gesagt: Der Phantasie in der Suppenküche sind kaum Grenzen gesetzt.

Allgemeine Tips

Testklößchen kochen!

Bei allen Arten von Klößchen, Spätzle, Krapfen usw. empfiehlt es sich dringend, folgenden Test durchzuführen:
Ein wenig von der vorbereiteten Masse nehmen und in Salzwasser köcheln. Ist das Endprodukt zu fest, noch ein wenig Butter dazugeben. Werden die Probeklößchen oder -spätzle zu weich, etwas Weizenmehl oder Paniermehl unter die Masse mischen.

$^1/_4$ Liter pro Person

Mit Ausnahme der Grundsuppen, die aus Gründen der Zweckmäßigkeit in größeren Mengen hergestellt werden sollten, und jener Rezepte, bei denen extra auf eine andere Menge hingewiesen wird, beziehen sich alle Rezepte in diesem Buch auf vier Portionen. Die Faustregel in der Suppenküche lautet:

$^1/_4$ Liter pro Person, eher etwas mehr als weniger, um noch nachreichen zu können, wenn die Suppe schmeckt – was ja hoffentlich der Fall ist.
Für kräftige Consommé und Consommé double, die in kleinen Tassen serviert werden, sollten 0,15 bis 0,2 Liter pro Person ausreichen.

Geröstetes Brot als Suppeneinlage

Geröstetes Brot ist wohl die einfachste Möglichkeit, klare Suppen jeglicher Art attraktiv zu machen!

Geröstete Brotwürfel

Brötchen, einen Tag altes Weißbrot oder auch Schwarzbrot in Würfel schneiden und in einer weiten Pfanne mit einem Eßlöffel Butter goldbraun rösten. Brotwürfel auf ganz kleiner Flamme rösten, damit sie nicht schwarz werden.

Geröstete Brotschnitten

Baguette oder anderes Stangenbrot, auch Brötchen, braunes und schwarzes Brot in einen Zentimeter dicke Scheiben schneiden und auf beiden Seiten in Butter goldgelb rösten.

Weißbrotschnitten, im Backofen getoastet

Eine andere einfache Suppeneinlage, die vor allem dann zu empfehlen ist, wenn für mehrere Personen gekocht wird: Weißbrotschnitten mit wenig Butter bestreichen, etwas salzen und pfeffern und im Backofen bei 180–200 Grad toasten, bis sie knusprig sind. Die Toastschnitten auf der heißen Bouillon oder Consommé schwimmen lassen.

Brotscheiben mit Käse

Baguette oder anderes Weißbrot, das etwa einen Tag alt sein sollte, in Scheiben schneiden, mit etwas Butter bestreichen und mit Schmelzkäse belegen, dann im Backofen braun und knusprig backen.

Variation mit Parmesan

Falls nach der Suppe ein italienisches Hauptgericht serviert wird, können die Weißbrotschnitten auch mit geriebenem Parmesan bestreut und mit etwas Basilikum oder Origano gewürzt werden.

Variation mit Paprikapulver und Lauch

Der Phantasie sind, wie gesagt, keine Grenzen gesetzt: Nett sehen diese kleinen Käsetoasts aus, wenn sie vor dem Backen mit etwas süßem Paprikapulver bestreut oder mit hauchdünn geschnittenem Lauch belegt werden.

Eierstich

Eierstich ist eine klassische Zugabe für Consommé oder Consommé double, die vor allem in Frankreich und in Teilen der Schweiz überaus beliebt ist.

1 Ei · 1 Eigelb · 1 Prise Salz
weißer Pfeffer · 0,2 l entfettete Bouillon
1 TL Butter

In einer weiten Schüssel Ei und Eigelb mit einem Schneebesen fest verschlagen, salzen, pfeffern und mit der heißen Bouillon unter ständigem Rühren vermischen. Die Mischung in kleine Puddingformen gießen, die zuvor mit ein wenig Butter ausgestrichen wurden. Im leicht wallenden Wasserbad etwa 15 Minuten köcheln, bis das Ei gestockt ist.
Jetzt die Puddingformen aus dem Wasser heben, etwas abkühlen lassen und stürzen. Nach dem Abkühlen den Eierstich in feine Scheiben, dann in Würfelchen oder Rhomben schneiden. Die Eierstichstückchen in Suppenschalen geben und mit heißer Consommé übergossen servieren.

Tip: In Haushaltsgeschäften sind kleine Formen erhältlich, mit deren Hilfe man hübsche Figuren aus dem Eierstich ausstechen kann.

Bunter Eierstich

Eierstich läßt sich sehr hübsch färben, indem man der Mischung aus Ei und Bouillon fein pürierten, in etwas Butter gedünsteten Spinat beifügt und gut mit dem Schneebesen einrührt. Grünfärbung ist auch mit weich gekochten, pürierten Erbsen möglich.
Gelb wird diese ausgezeichnete Beilage, wenn man eine Messerspitze Safran zufügt.
Eierstich kann man rot färben, indem man in die aufgeschlagenen Eier zwei Teelöffel Tomatenmark rührt.
Die Variationsmöglichkeiten von Eierstich sind unerschöpflich. Ehe der Eierstich in den Formen zum Stocken gebracht wird, kann jede Art von Gewürzen oder frischen Gartenkräutern beigemengt werden, zum Beispiel: Origano, Bohnenkraut, Basilikum, auch Kresse, Kerbel, Liebstöckel usw.

Rindfleischbrühe mit Eiereinlauf

(»Tropfteig«)

Unter »Eiereinlauf« (süddeutsch: »Eingetropftes«) versteht man einen dünnen Tropfteig, der in eine fertige, kochende Bouillon gegossen wird.

1 Ei · 1 Prise Salz
1 TL kaltes Wasser
3 TL glattes Mehl · 1 l Bouillon

Ei mit Salz und Wasser fest verquirlen und das Mehl einrühren. Die Mehlmenge hängt von der Größe des Eies ab. Sie sollten jedenfalls soviel beigeben, wie »das Ei aufnimmt«. Gute Köche und Köchinnen wissen, was gemeint ist.

Die Mischung in einem dünnen Strahl aus einem Kännchen in die kochende Bouillon gießen, danach die Hitze zurücknehmen und nur noch etwa drei Minuten simmern lassen. Sofort servieren.

Tropfteig mit Gewürzen

In die Mischung aus Ei und Mehl kann auch ein wenig weißer Pfeffer, eine Prise Origano und Basilikum eingerührt werden. Das Verfahren des Eintropfens bleibt gleich.

Nudelsuppe

Die Nudelsuppe ist ein von vielen geliebtes Gericht, doch oft von schlechter Qualität, weil die Nudeln völlig zerkocht sind. Um diesen grundlegenden Fehler zu vermeiden, hier folgender Rat:

Die getrockneten Nudeln entweder in Salzwasser oder auch in leichter Bouillon kochen, bis sie bißfest sind, was höchstens zwei bis drei Minuten dauert. Dann die Nudeln in ein Sieb leeren und mit kaltem Wasser abschrecken dadurch kleben sie nicht zusammen und behalten ihre Konsistenz.
Die abgekochten Nudeln extra servieren, jeder kann sich auf diese Weise in seinen Suppenteller nehmen, soviel er will, und darüber kochend heiße Bouillon gießen. Mit Schnittlauch oder Petersilie bestreuen – ein Gedicht!

Tip: Je nach Geschmack und Belieben kann man für die Nudelsuppe handelsübliche Fadennudeln oder dickere Nudeln verwenden. Die getrocknete Ware im Supermarkt variiert aber sehr stark in der Qualität.

Hausgemachte Nudeln

Wer seinen Gästen, der Familie oder sich selbst eine besonders gute Nudelsuppe servieren will, sollte diese beliebte Einlage selbst zubereiten.

1 Ei · 1 EL kaltes Wasser

1 Prise Salz

glattes Weizenmehl

Ei, Wasser und Salz verquirlen und soviel Mehl zugeben, wie das Ei aufnimmt, damit ein fester Teig entsteht. Diesen gut kneten, 15 Minuten ruhen lassen und danach auf einem bemehlten Nudelbrett dünn ausrollen. Den Teig etwas trocknen lassen, dann zuerst in breite Streifen, schließlich quer in dünne Nudeln schneiden. Diese mit den Fingern lockern, in kochendes Salzwasser geben, abseihen, mit kaltem Wasser spülen und gut abtropfen lassen.
Die hausgemachten Nudeln nun entweder nur mit heißer, klarer Brühe übergießen oder in dieser nochmals kurz aufkochen. Je nach Geschmack mit fein gehacktem Schnittlauch, Petersilie, Kerbel oder Kresse bestreut servieren.

Nudelsuppe mit Frühlingsgemüsen

Abwechslung erfreut, vor allem nach der kalten Jahreszeit, wenn der Vitaminbedarf Appetit macht: Frühlingszwiebeln samt den Röhren, die weißen Teile vom Lauch und Möhrchen in hauchdünne Scheiben schneiden und nur wenig in der Bouillon oder Knochenbrühe köcheln, damit die Vitamine erhalten bleiben. Mit den Nudeln servieren.

Tortellini in brodo

Tortellini, auf vielfältige Weise mit Fleisch, Schinken und Pilzen gefüllt, eignen sich – ebenso wie viele andere italienische Nudeln – bestens als Einlage für klare Suppen.

Für vier Personen etwa 160 Gramm frische oder getrocknete Tortellini entweder in Wasser oder in Bouillon weich kochen, herausheben, abtropfen lassen und dann wieder in die Bouillon legen oder in einer kräftigen Consommé servieren.
Eine Prise Basilikum oder Origano verleiht dieser Suppe eine »südliche« Note. Üblicherweise wird sie mit etwas geriebenem Parmesan bestreut serviert.

Tip: Tortellini und Ravioli gibt es getrocknet und gebrauchsfertig in Supermärkten zu kaufen. Eine besondere Delikatesse sind jene, die man frisch in italienischen Spezialgeschäften erstehen kann.

Wiener Grießnockerlsuppe

70 g Butter · 1 Ei · Salz

weißer Pfeffer · Muskatnuß

130 g grober Weizengrieß · 1 l Wasser

1 l Rindfleischbrühe

feine Schnittlauchröllchen zum Bestreuen

Die weiche Butter schaumig rühren, dann das verquirlte Ei, Salz, weißen Pfeffer und ein wenig geriebene Muskatnuß dazugeben. Den Grieß langsam einstreuen und untermischen, danach einige Zeit ruhen lassen. Das Wasser zum Kochen bringen, gut salzen, dann aus der Grießmasse mit einem großen Eßlöffel Nockerl (Klößchen) ausstechen und mit der Hand schön formen. Ins kochende Wasser gleiten lassen und zehn bis fünfzehn Minuten köcheln, bis sie außen weich, innen aber noch etwas kernig sind. Schließlich aus dem Wasser heben, kalt abschrecken, auf eine flache Schüssel legen und noch etwas ziehen lassen.

Ehe die Grießnockerl völlig abgekühlt sind, diese in Suppenschalen geben (ein bis zwei Stück pro Person, je nach Belieben) und mit heißer Brühe übergießen. Schnittlauchröllchen sind dazu ein Muß.

Frittatensuppe

Frittaten sind sehr dünne Pfannkuchen oder Omeletts (die Franzosen würden »Crêpes« sagen), die nudelig geschnitten als Einlage in klare Fleischbrühe verwendet werden.

2 Eier · $^1/_2$ l Milch · 1 Prise Salz

1 Msp Zucker · ca. 125 g Weizenmehl

Butter, Butterschmalz oder Öl zum Backen

1 l Bouillon

evtl. Pfeffer aus der Mühle

evtl. gehackte Gartenkräuter

Eier, Milch, Salz und Zucker entweder mit dem Schneebesen oder mit einem Handmixer verquirlen und löffelweise so viel Mehl zufügen, daß ein dünner, gut fließender Teig entsteht. Diesen fünf Minuten ruhen lassen und danach gut durchrühren. In einer Pfanne aus Gußeisen, Stahl oder beschichtet wenig Butter, Butterschmalz oder Öl erhitzen, etwas Teig eingießen und die Pfanne nach allen Seiten schwenken, damit sich die Masse am Boden bis zu den Rändern hin gleichmäßig verteilt.

Mit einer Spachtel oder einem breiten Messer den Teig von den Rändern lösen, die Pfanne schütteln, bis der Pfannkuchen sich vom Boden löst. Die Unterseite goldbraun backen (der Zucker gibt gute Färbung), dann mit einer Backschaufel wenden und auch die Oberseite braun backen. Den Pfannkuchen auf einen Teller gleiten lassen und den Backvorgang so lange wiederholen, bis der Teig aufgebraucht ist. Acht Stück sollten Sie bei dieser Menge – je nach Größe der Pfanne – erhalten.

Die abgekühlten Pfannkuchen zuerst in etwa sechs Zentimeter breite Streifen und dann quer in feine Streifen schneiden – wie bei den hausgemachten Nudeln (siehe Seite 45) bereits empfohlen wurde. Danach die Frittaten portionsweise in Suppentassen füllen und mit heißer Bouillon übergießen. Eventuell mit Pfeffer aus der Mühle und gehackten Gartenkräutern bestreuen.

Tip: Es empfiehlt sich, Frittaten gleich für acht Personen zuzubereiten und sie im Kühlschrank für den nächsten Tag aufzubewahren. Sie lassen sich auch tieffrieren.

Variation in Spiralform

Pfannkuchen aus der Pfanne heben und noch heiß ganz eng einrollen, danach abkühlen lassen. Die Röllchen in feine Scheiben schneiden – das ergibt eine Spiralform, die im Suppenteller sehr nett aussieht.

Kräuterfrittaten

Den Frittatenteig wie oben beschrieben zubereiten und nach Geschmack Gewürz- und Gartenkräuter einrühren. Es eignen sich dazu: getrocknetes oder frisches Basilikum, Origano, Majoran, Bohnenkraut, Kerbel, Gartenkresse usw.

Leberknödelsuppe

In weiten Teilen Süddeutschlands und Österreichs haben Suppen mit Leber-Einlage Tradition, sie werden wohl schon seit Jahrhunderten in verschiedensten Variationen zubereitet.

130 g Kalbs- oder Rinderleber
2 Brötchen oder die entsprechende Menge Weißbrot
1 große Zwiebel · 30 g Butter oder Öl
1 EL gehackte Petersilie · 1 Ei
1 Prise Salz · schwarzer Pfeffer
etwas Muskatnuß · 1 Prise Majoran
1 EL Paniermehl · Salzwasser
1 l Consommé oder Consommé double

Die Leber zweimal durch den Fleischwolf drehen, damit sie möglichst fein ist. Brötchen oder Weißbrot in Wasser aufweichen und dann zwischen den Händen fest auspressen. Nach diesen Vorbereitungsarbeiten die fein gehackte Zwiebel in Butter oder Öl anschwitzen, bis sie ein wenig zu bräunen beginnt. Die Petersilie zufügen, kurz durchrösten und alles in eine weite Küchenschüssel geben. Dazu kommen in folgender Reihenfolge: die ausgedrückten Brötchen/das Weißbrot, das Ei, die Leber und die Gewürze. Diese Masse nun entweder mit einem Kochlöffel oder – besser noch – mit den Händen gut vermischen, zuletzt mit Paniermehl verkneten und etwa eine halbe Stunde im Kühlschrank ruhen lassen.

Aus dem abgekühlten Teig Knödel (Klöße) von etwa vier Zentimeter Durchmesser formen, diese in Salzwasser weich kochen und herausheben.

Heiße Consommé oder sogar Consommé double über die in Suppenschalen angerichteten Leberknödel gießen.

Altwiener Fisolensuppe, Rezept auf Seite 140

Schöberlsuppe

Diese aus Frankreich importierte österreichische Spezialität würden wir wohl am ehesten »Biskuit« nennen: Aus Eiern und Mehl wird ein lockerer Teig zubereitet, im Backofen gebacken, fein aufgeschnitten und in klare Bouillon gelegt. Viele Variationen sind möglich.

2 Eier · 1 Prise Salz
1 Prise weißer Pfeffer
30–40 g Mehl
2 EL Butter · 1 l Bouillon oder Consommé

Die Eier sorgfältig trennen, das Eiweiß mit Salz und weißem Pfeffer zu steifem Schnee schlagen. Dann das verquirlte Eigelb vorsichtig unterrühren, damit der Eischnee nicht zerfällt. Ebenso vorsichtig mit dem Mehl vermischen. Zuletzt ein bis eineinhalb Eßlöffel Butter schmelzen, abkühlen lassen und dazugeben.

Mit dem Rest der Butter ein Backblech sorgfältig bestreichen und mit ein wenig Mehl bestäuben. Darauf die Masse höchstens fingerdick aufstreichen und im Backofen bei 180–200 Grad goldbraun backen.

Den fertigen Biskuit noch warm in Würfel oder Rhomben schneiden, mit einer dünnen Schaufel vom Blech heben und abkühlen lassen. Die »Schöberl« werden gesondert serviert und erst bei Tisch in die heiße Bouillon oder Consommé gegeben.

Leber- oder Milzschöberl

Den Biskuitteig wie eben erläutert herstellen, aber das rohe Eigelb mit etwa 50 Gramm fein passierter roher Kalbsleber oder fein geschabter Milz vom Rind oder Kalb und etwas Petersilie vermischen.

Schinkenschöberl

50 Gramm Schinken oder Räucherspeck fein hacken und unter den fest geschlagenen Eischnee mischen. Bei der weiteren Zubereitung wie auf Seite 49 verfahren.

Kräuterschöberl

Zusätzlich zum Grundrezept braucht man für die Kräuterschöberl etwa drei Eßlöffel gehackte Kräuter: Schnittlauch, Petersilie, Kerbel, Liebstöckel, aber auch – je nach Geschmack – Bohnenkraut, Origano oder Basilikum. Die fein gehackten Kräuter mit dem rohen Eigelb verquirlen und unter den Eischnee ziehen.

Fleischklößchen

1 EL Butter · 4 Schalotten

150 g Hackfleisch, halb vom Rind, halb vom Schwein

1 EL Weizenmehl, Paniermehl oder einige Weißbrotschnitten

1 Ei · Pfeffer · Salz

Petersilienblätter · Majoran

Muskatnuß

1 l Salzwasser oder leichte Bouillon

In der aufgeschäumten Butter die fein gehackten Schalotten kurz anrösten, danach abkühlen lassen und unter das Hackfleisch mischen. Dann Weizenmehl, Paniermehl oder auch in Wasser eingeweichtes, fest ausgedrücktes Weißbrot und das Ei dazugeben. Die Masse kurz ruhen lassen, mit den Kräutern und Gewürzen abschmecken, danach mit nassen Händen zwei bis drei Zentimeter große Klößchen formen und diese in reichlich Salzwasser oder leichter Bouillon köcheln, bis sie an die Oberfläche steigen. Jetzt zudecken und zehn Minuten ziehen lassen, auf jeden Fall zunächst ein Testklößchen kochen.

Tiroler Speckknödelsuppe

3 Brötchen oder die entsprechende Menge einen Tag altes Weißbrot
1 kleine Zwiebel oder 4 Schalotten
30 g Räucherspeck · 1 EL Butter
1 EL Mehl · 1 Ei
1/8 l Milch · Salz · weißer Pfeffer
Muskatnuß
2 EL fein gehackte Petersilie
1 l klare Fleischbrühe

Altbackene Brötchen oder Weißbrot in einen Zentimeter große Würfel schneiden und trocknen lassen. Zwiebel oder Schalotten klein hacken und mit dem in Würfel geschnittenen Räucherspeck und der erhitzten Butter goldgelb anbraten. Die Brotwürfel dazugeben, gut durchmischen und rösten, bis sie etwas braune Farbe annehmen.

Das Ganze in eine Schüssel leeren, abkühlen lassen, mit Mehl bestäuben und gut durchrühren. Jetzt das Ei mit Milch verquirlen, über die Brotwürfel gießen, salzen, pfeffern, Muskatnuß dazugeben und ruhen lassen. Sobald Milch und Ei aufgesaugt sind, die fein gehackte Petersilie untermischen und die Masse sorgfältig mit dem Kochlöffel oder besser noch – mit bloßen Händen – durchmischen. Nun mit bemehlten Händen Klößchen von etwa drei Zentimeter Durchmesser formen, diese entweder in heißem Salzwasser oder gleich in der Suppe ungefähr acht Minuten leicht kochen, bis sie an der Oberfläche schwimmen.

»Consommé« mit Markscheiben

Markknochen von Rind oder Kalb heiß überbrühen, dann kann das Mark leicht mit einem dünnen, spitzen Messer herausgelöst werden. Im Kühlschrank abkühlen lassen, danach in Scheiben von knapp einem Zentimeter Dicke schneiden. Diese in kochend heißer Consommé ziehen lassen, bis sie nur noch in der Mitte ein wenig rosa sind.

Tip: Mark gibt natürlich Fett ab. Wer also die »Augen« auf der Suppe nicht mag, sollte das Mark in Scheiben schneiden und in einer Pfanne bei sehr kleiner Hitze rösten, bis das Fett herausfließt.

Markklößchensuppe

50 g Rindermark
2 altbackene Brötchen oder die entsprechende Menge Weißbrot
$^1/_4$ l Milch · 1 Ei · 1 Eigelb
Petersilie · Muskatnuß · Salz · weißer Pfeffer
2 EL Paniermehl · Salzwasser
1 l Bouillon oder Consommé

Das Mark in kleine Würfel schneiden, in einer Pfanne zerlassen (dabei ein wenig vom Fett abschöpfen) und abkühlen. Unterdessen die Brötchen oder das Weißbrot in Milch einweichen, danach zwischen den Händen gut auspressen, in eine weite Schüssel geben und mit einer Gabel fein zerdrücken. Dann das Rindermark mit dem ganzen Ei und dem Eigelb schaumig rühren, etwas gehackte Petersilie, Muskatnuß, Salz und Pfeffer dazugeben und gut mit der Brotmasse verrühren. Zuletzt das Paniermehl dazugeben und das Ganze im Kühlschrank etwa 20 Minuten ruhen lassen.
Nun Klößchen von etwa zwei bis zweieinhalb Zentimeter Durchmesser formen, in kochendes Salzwasser geben und ungefähr acht Minuten weich kochen – oder in kochendes Wasser einlegen und zirka 15 Minuten ziehen lassen. Die Markklößchen herausheben, abtropfen lassen und in Bouillon oder Consommé servieren.

Tip: Markklößchen sind auch eine klassische Einlage für Geflügelcremesuppen (siehe Seite 75).

Kartoffelklößchensuppe

1 Ei · 4 mittelgroße Pellkartoffeln

20 g Butter

Petersilie, Liebstöckel, Kerbel oder Kresse

Salz · weißer Pfeffer

Paniermehl · 1 l Bouillon

Das Ei sorgfältig trennen, die gekochten Kartoffeln schälen, zerstampfen, mit Butter und dem Eigelb gut verrühren. Aus dem Eiweiß Schnee schlagen und vorsichtig unter die Masse ziehen, die Kräuter und Gewürze dazugeben und so viel Paniermehl, wie für die Festigkeit nötig ist. Etwa zwei Zentimeter große Klößchen formen, diese fünf Minuten in der Bouillon köcheln.

Pafesen

Die Pafesen, auch Pofesen genannt, führen uns gedanklich und historisch in jene Zeit zurück, als Brot gleichbedeutend mit Suppe war. Der Ursprung dieser Köstlichkeit dürfte im böhmischen Raum liegen, wo es Pafesen – mit Konfitüre gefüllt und mit Zimt oder Vanillezucker bestreut – auch als Süßspeise gibt. Als Suppeneinlage sind sie in vielfältiger Variation nicht minder berühmt.

Altbackenes Weißbrot · 1/4 l Milch

1 Ei · Salz

5 EL Öl oder Butterschmalz

1 l Bouillon

Das Weißbrot in eineinhalb Zentimeter dicke Scheiben schneiden. Diese durch leicht gesalzene Milch und gesalzenes, verquirltes Ei ziehen, danach in Öl oder Butterschmalz goldgelb backen und schließlich auf Küchenkrepp abtropfen lassen.
Die Pafesen in Bouillon eingelegt servieren.

Gefüllte Pafesen

Fleischreste der Bouillon · 1 Zwiebel
2 EL Öl oder Butter · geriebene Muskatnuß
gehackte Petersilie · Pfeffer · Salz
1 Eigelb · evtl. etwas Mehl
altbackenes Weißbrot · etwas Milch
1 Ei · evtl. etwas Paniermehl
5 EL Öl oder Butterschmalz
1 l Bouillon

Die Fleischreste durch den Fleischwolf drehen, mit der fein geschnittenen Zwiebel in Öl oder Butter rösten und mit Muskatnuß, Petersilie, Pfeffer und Salz abschmecken. Nach dem Abkühlen das Eigelb unterrühren, eventuell etwas Mehl dazugeben.

Das Weißbrot in einen Zentimeter dicke Scheiben schneiden, jeweils zwischen zwei Scheiben das Haschee etwa einen halben Zentimeter hoch streichen. Die Schnitten beidseitig in Milch tauchen und einige Zeit ruhen lassen. Dann die Pafesen durch das verquirlte Ei ziehen und eventuell beidseitig in Paniermehl wenden. In Öl oder Fett backen – vorsichtig wenden, damit die Fülle nicht herausfällt! Zum Schluß mit Küchenkrepp abtupfen, in breite Schnitten schneiden und zur Bouillon servieren.

Kräuterpafesen

In wenig Butter drei bis vier klein gehackte Schalotten goldgelb rösten, dann beliebige fein gehackte Gartenkräuter, vor allem Petersilie, Schnittlauch, Kresse, Kerbel, Liebstöckel, aber auch Origano und Bohnenkraut, unterrühren und nach dem Abkühlen mit einem Eigelb verquirlen. Die Kräutermasse jeweils zwischen zwei dünne Brötchen- oder Brotscheiben streichen und wie auf Seite 60 erklärt backen.

Hirn- oder Briespafesen

150 Gramm Kalbshirn oder Kalbsbries überbrühen, enthäuten, abkühlen lassen und fein hacken. In wenig Butter dünn geschnittene Zwiebel und/oder Schalotten anschwitzen, zusammen mit dem Hirn oder Bries rösten und abkühlen lassen. Gehackte Petersilie und ein Eigelb unterrühren und das Ganze als Füllung für die Pafesen verwenden.

Suppen aus Schweinefleisch

Aus jenen Gegenden, in denen mehr Schweine als Rinder gezüchtet wurden, sind uns aus alten Zeiten hervorragende Suppenrezepte erhalten. Dafür eignen sich am besten die Haxe bzw. das Eisbein, aber auch Schweinsfüße, Rüssel und Ohren des Tieres. Der hohe Anteil an Bindegeweben bewirkt, daß die Suppen ein wenig klebrig oder sulzig sind. Eben diese Eigenschaft wird von vielen Feinschmeckern besonders geschätzt.

Schweinebouillon

Sie wird ebenso hergestellt wie jene aus Rindfleisch, mit den gleichen Gemüsen und Zutaten. Fleischknochen oder ein Stück von der Schulter sind dafür bestens geeignet. Die Kochzeit der Schweinebouillon ist allerdings wesentlich geringer als die der Rinderbouillon.

Tip: Die Verwendungsmöglichkeiten der Schweinebouillon sind identisch mit jenen der Bouillon aus Rindfleisch. Also – blättern Sie nach, (siehe Seite 29 ff.) um zu variieren und zu probieren!

Schweinshaxensuppe

4 Schweinshaxen
1 Zwiebel · 2 Knoblauchzehen · 1 Möhre
1 Petersilienwurzel · 1/4 Knollensellerie
1/4 Stange Lauch · 4 Pfefferkörner
1 Lorbeerblatt · Pfeffer aus der Mühle
1/2 TL Salz · 1 l Schweinebouillon
1 EL Essig · Meerrettich
evtl. Schnittlauchröllchen

Die gut gesäuberten, von den Borsten befreiten Schweinshaxen mit den Wurzelgemüsen und den Gewürzen langsam weich kochen. Danach die Schweinshaxen auf großen Suppentellern mit den gekochten Gemüsen anrichten und mit der Schweinebouillon, die mit dem Essig aufgekocht wurde, übergießen. Ein wenig geriebenen Meerrettich darüberstreuen, eventuell auch feine Schnittlauchröllchen. Salzkartoffeln als Beilage schmecken zu dieser Suppe exzellent!

Französische Schweineohrsuppe

Dies ist ein äußerst luxuriöses Rezept, das in französischen Kochschulen Pflicht ist.

2 Schweineohren · 2 l Wasser
2 Möhren · 1 große Zwiebel
1/2 Stange Lauch · 1/4 Knolle Sellerie
50 g Butter · 1/8 l trockener Weißwein
1 l Bouillon · 2 EL Mehl
50 g Schinken · 3 EL Madeira
1 Prise Cayennepfeffer
in Butter geröstete Brotwürfel als Suppeneinlage

Die Schweineohren etwa 30 Minuten in Wasser kochen, danach abtropfen lassen und kalt abschrecken. Unterdessen die Gemüse putzen, klein schneiden und in der Hälfte der Butter goldbraun rösten. Den Weißwein und die Bouillon zugießen, aufkochen und darin die Schweineohren etwa eineinhalb Stunden köcheln, bis sie weich sind und sich leicht anstechen lassen. Das Fleisch herausheben und in Streifen schneiden, Suppe und Gemüse durch ein feinmaschiges Sieb passieren und entfetten.

Die restliche Butter in einer Pfanne erhitzen, das Mehl zufügen und goldgelb anrösten. Mit kaltem Wasser aufgießen, kräftig durchrühren und aufkochen. Diese Mehlschwitze in die Suppe rühren, den fein geschnittenen Schinken und den Madeira dazugeben, das Ganze mit Cayennepfeffer würzen und eventuell nachsalzen. Die Suppe mit in Butter gerösteten Brotwürfeln servieren und dazu jenen Wein reichen, der auch in der Suppe Verwendung gefunden hat.

Suppe aus geräuchertem Schweinefleisch

Wenn gepökeltes und geräuchertes Schweinefleisch gekocht wird, schütten viele Hausfrauen und Hausmänner den Sud einfach weg. Welche Vergeudung! Für diese »Selchsuppen« gibt es eine Unzahl an Verwendungsmöglichkeiten.

Das geräucherte (und gepökelte) Fleisch mit kaltem Wasser entweder in einem nicht zu weiten Topf oder im Druckkochtopf kochen, bis es weich ist.

Tip: Wenn die Suppe zu salzig ist, noch ein wenig heißes Wasser zugießen.

Zungen-Selchsuppe

Von geräucherter Rinder- oder Schweinezunge kann allemal ein Stück für die Suppe abgezweigt werden, wobei der vordere Teil am besten geeignet ist. Das Zungenstück enthäuten, in kleine Würfel schneiden und in der Selchsuppe kurz aufkochen. Viel fein gehackte Petersilie verbessert zusätzlich den Geschmack.

Selchsuppe mit Grieß

Die Selchsuppe abkühlen lassen und völlig entfetten. In einen Liter Selchsuppe vier Eßlöffel Weizen- oder Vollkorngrieß streuen und weich kochen. Ein wenig Schnittlauch darüberstreuen – fertig!

Selchsuppe mit Grießnockerln

Die Zubereitung von Grießnockerln wurde bereits auf Seite 54 erläutert. Pro Person sind zwei Stück ausreichend. Sie werden in einem Liter Selchsuppe langsam weich gekocht. Mit fein gehacktem Kerbel bestreut schmeckt diese Suppe ausgezeichnet!

Selchsuppe mit Lauch

Die weißen Teile von zwei Stangen Lauch in hauchdünne Scheiben schneiden und in einem Liter völlig entfetteter Selchsuppe zwei bis drei Minuten kochen.

Selchsuppe mit Schnittlauch

Gerade so viel Schnittlauch, wie zwischen Daumen und Zeigefinger paßt, in feine Röllchen schneiden und nur kurz in einem Liter völlig entfetteter Selchsuppe aufkochen. Mit frisch gemahlenem Pfeffer würzen.

Suppen mit Innereien

Kalbsbriessuppe

Das Kalbsbries, die Thymusdrüse des Kalbes, ist sehr teuer und bedarf deshalb äußerst sorgfältiger Zubereitung. Wenn es mit Adern durchsetzt ist, sollte es eine Stunde gewässert und erst dann mit kaltem Wasser in einen Topf gegeben werden. Man läßt es aufkochen und etwa 20 Minuten heiß ziehen. Dann fühlt es sich steif an und sollte völlig weiß geworden sein.

200 g Kalbsbries · Salz
2 EL Mehl · 2 EL Butter
ein wenig Zitronensaft
1 l Bouillon · weißer Pfeffer
Baguettescheiben als Einlage

Das vorbereitete Kalbsbries salzen, entweder in große Würfel oder in fingerdicke Scheiben schneiden, in Mehl wälzen und in aufgeschäumter Butter braten, bis es rundum goldgelb geworden ist. Mit einem Spritzer Zitronensaft ablöschen, mit wenig Bouillon aufgießen und ausreichend lange kochen. Das Bries und den Saft in einen Suppentopf geben, mit dem Rest der Bouillon übergießen und nur noch kurz aufkochen, schließlich mit Pfeffer würzen und servieren. Als Einlage eignen sich knusprig geröstete Baguettescheiben.

Variation mit Eigelb

Wer diese Suppe noch runder und sämiger haben möchte, verquirlt ein Eigelb mit $^1/_8$ Liter süßer Sahne und legiert damit die vom Herd genommene Kalbsbriessuppe.

Variation mit Spargel

Kalbsbries und Spargel – wenn dieser gerade Saison hat – vertragen sich ausgezeichnet. Zur Verfeinerung der Suppe können ein paar Spargelköpfe zusammen mit dem Kalbsbries weich gekocht werden.

Italienische Brokkolisuppe, Rezept auf Seite 135

Consommé mit gebackenem Kalbsbries

200 g Kalbsbries

Salz · Pfeffer · etwas Mehl

1 Ei · 1 TL Öl · 3 EL Butter

$^{3}/_{4}$ l Consommé

Das vorbereitete Kalbsbries in einen Zentimeter dicke Scheiben schneiden, salzen und pfeffern. Dann die Stücke beidseitig bemehlen und durch das aufgeschlagene Ei ziehen, in das ein wenig Öl gerührt wurde. Die Butter in einer weiten Pfanne aufschäumen lassen und darin die Briesscheiben auf beiden Seiten goldbraun backen, danach mit Küchenkrepp entfetten und portionsweise in die Consommé legen.

Variation mit Paniermehl

Nachdem die Kalbsbries-Scheiben durch Mehl und Ei gezogen wurden, diese locker in Paniermehl wälzen und erst dann in der Butter braun backen. Mit Küchenkrepp abtupfen, in die Consommé legen und mit etwas gehackter Petersilie bestreuen.

Kalbssuppe mit Hirn

250 g Kalbshirn
1 l Wasser oder Bouillon von Kalbsknochen
1 Zwiebel · 1 Möhre
$^1/_2$ Stange Lauch
1 Handvoll Petersilie · Liebstöckel
2 EL Butter · 1 $^1/_2$ EL Mehl
Salz · weißer Pfeffer

Das Kalbshirn mit heißem Wasser oder kochender Bouillon übergießen und kurz dämpfen, bis es kompakt und weiß geworden ist. Unterdessen die geputzten und klein geschnittenen Gemüse in Butter anrösten, mit Mehl bestäuben, vom Herd nehmen und mit der kalten Knochensuppe übergießen. Das Ganze gut durchrühren, wenig salzen, pfeffern und köcheln lassen, bis die Gemüse weich sind.
Die Suppe entweder abseihen oder, wenn sie dicker sein soll, mit dem Mixstab pürieren. Danach wieder aufkochen und das einige Male durchgehackte Kalbshirn dazugeben. Geröstete Brotwürfel oder Markklößchen (siehe Seiten 39 und 57) in die Suppe geben.

Geflügelsuppen

Auf Huhn, Ente und Gans kann in der großen Suppenküche nicht verzichtet werden. Im Grunde geht man bei der Herstellung der klaren Geflügelbouillon ebenso vor wie bei jener aus Rind- und Schweinefleisch, doch hat die Kochzeit wegen der Zartheit des Geflügels weit kürzer zu sein, was schließlich nur ein Energievorteil ist.

Die Verwendung von Geflügelköpfen und -füßen

Hühner und anderes Geflügel sind heute – sehr zum Leidwesen der Suppenköche – nur noch ohne Köpfe und Füße erhältlich. Gerade diese aber verleihen einer Geflügelbouillon Geschmack und Bindung. Falls sie doch erhältlich sind, werden die Füße blanchiert und abgezogen, dann in der Suppe mitgekocht. Vom Kopf sollte das Hirn ausgelöst und ebenfalls zur Suppe gegeben werden.

Einfache Hühnerbouillon

Für ca. 2 l fertige Bouillon:
1000 g Hühnerteile von Hals mit Haut, Vorderflügel, Kopf und Füßen (falls erhältlich), Magen und Herz
2,5 l Wasser
250 g Suppengrün (Knollensellerie, Petersilienwurzel, Möhren, weiße Rüben)
1 große Zwiebel · 1 Stange Lauch
Liebstöckel oder Kerbel · Petersilienblätter
5 Pfefferkörner

Die Hühnerteile waschen, mit kaltem Wasser und den in Stücke geschnittenen Gemüsen sowie den Gewürzen in einen Topf geben und eine bis eineinhalb Stunden zugedeckt leicht kochen.
Danach die Hühnerbouillon abkühlen, das gestockte Fett abschöpfen und die Bouillon wieder kurz erwärmen. Schließlich zuerst durch ein Sieb gießen, um Fleisch und Gemüse aufzufangen, und dann durch ein Leinentuch, damit die Suppe klar wird. Das Einfrieren von Geflügelbouillon ist ebenso möglich wie bei der Bouillon aus Rindfleisch.

Tip: Diese einfache Geflügelbrühe läßt sich auch im Druckkochtopf herstellen, wobei die Kochzeit hier nur etwa 40 Minuten beträgt.

Bouillon aus einem ganzen Suppenhuhn

Für ca. 2 l fertige Bouillon:
1 Suppenhuhn (etwa 2000 g)
Gemüse wie bei der »einfachen Hühnerbouillon«
4 Gewürznelken · 4 Pfefferkörner
etwas Muskatblüte · wenig Salz
2,5 l Wasser

Das Suppenhuhn in einen weiten Topf legen, die Zwiebel mit den Gewürznelken bestecken und mit den restlichen Gemüsen rundum schichten. Die Gewürze beigeben, alles mit kaltem Wasser aufgießen und etwa zwei Stunden leicht köcheln lassen. Den dabei entstehenden Schaum zu Beginn abschöpfen, dann den Topf zudecken, wobei ein Spalt offenbleiben sollte.
Sobald sich das Suppenhuhn sehr weich anstechen läßt, ist auch die Bouillon fertig. Wie üblich abkühlen, entfetten und klären, die weichen Fleischteile können nach dem Enthäuten des Huhns weiterverwendet werden.

Variation

Diese Bouillon wird noch gehaltvoller, wenn das Suppenhuhn entweder in zwei Liter leichter Hühner-, Rindfleisch- oder Knochenbrühe weich gedämpft wird.

Hühnercremesuppe

Knochen und Fleisch vom Suppenhuhn

Gemüsereste · 1 1/4 l Hühnerbouillon

2 EL Butter · 2 EL Mehl

2 EL gehackte Petersilie

Salz · Muskatnuß · weißer Pfeffer

Croûtons als Einlage

Das gekochte Suppenhuhn enthäuten, die Haut kann man nicht mehr verwenden. Das Fleisch auslösen, jene Teile, die nicht allzu strohig sind, zusammen mit den Gemüsen fein schneiden oder besser durch den Fleischwolf drehen.

Die Knochen des Suppenhuhns in der Hälfte der Bouillon noch etwa eine halbe Stunde kochen, danach abseihen und wegwerfen.

Aus Butter und Mehl eine helle Mehlschwitze zubereiten, gehackte Petersilie einstreuen, mit kalter Hühnerbouillon übergießen, fest durchrühren und aufkochen. Die Fleisch-Gemüse-Mischung dazugeben und etwa 15 Minuten leicht köcheln lassen. Mit Salz, wenig Muskatnuß und weißem Pfeffer abschmecken.

Als Suppeneinlage sind geröstete Brotwürfel zu empfehlen.

Würzige Hühnercremesuppe

Die gleichen Zutaten wie beim
Grundrezept »Hühnercremesuppe« (Seite 75), darüber hinaus:

1 Lorbeerblatt · 5 Pfefferkörner

5 Wacholderbeeren

1 Zweig frischer Rosmarin

1 Prise Muskatblüte

$^1/_2$ Stange Lauch

2 EL fein gehackte Petersilienwurzel

200 g Maiskörner (auch aus der Dose)

2 EL Butter · $^1/_8$ l süße Sahne

Schnittlauchröllchen

Die Hühnerteile zusammen mit den Gewürzen weich kochen, das Fleisch aus der Suppe heben, die Flüssigkeit durch ein feines Sieb seihen.
In der Butter die fein geschnittenen Gemüse und die Maiskörner gut anschwitzen, mit der Suppe aufgießen, mit süßer Sahne legieren und noch etwa drei Minuten köcheln lassen. Hühnerfleisch portionsweise in Schalen oder in einer Terrine anrichten, mit der heißen Suppe übergießen, reichlich mit Muskatblüte oder Muskatnuß würzen und mit viel Schnittlauch bestreut servieren.

Kräftige Hühnerbouillon mit Kalbsknochen

Für ca. 2 l fertige Bouillon:
1 Suppenhuhn
1000 g Kalbsknochen
Gemüse und Gewürze wie bei der »einfachen Hühnerbouillon«
ca. 2,5 l Wasser oder leichte Hühnerbouillon

Das Huhn, die gewaschenen Kalbsknochen und die Gemüse und Gewürze mit so viel Wasser oder Hühnerbouillon übergießen, daß sie etwa zwei Zentimeter bedeckt sind. Die Kochzeit beträgt mindestens zweieinhalb Stunden, damit alle Geschmacksstoffe in die kräftige Bouillon übergehen. Fleisch und Gemüse werden dann kaum noch zu verwenden sein.
Danach entfetten und abseihen wie auf Seite 73 beschrieben. Tieffrieren für spätere Verwendung ist möglich.

Tip: Diese Hühnerbouillon sollte ganz klar sein. Falls sie aus irgendwelchen Gründen – etwa durch zu große Hitze – trüb geworden sein sollte, verfährt man zur Klärung mit Eischnee wie bei der Consommé oder Consommé double (siehe Seite 31).

Hühnersuppe mit Nudeln und Gemüsen

(siehe Foto Seite 87)

Dies ist ein ebenso klassisches wie beliebtes Rezept:
Die noch warmen Hühnerteile nach dem Abseihen enthäuten, das Fleisch von Flügelspitzen und Hals von den Knochen lösen, in mittelgroße Stücke schneiden und beiseite legen. Gemüse fein schneiden, eventuell Jungerbsen in Salzwasser weich kochen.
Entweder handelsübliche Fadennudeln oder hausgemachte Nudeln (siehe Seite 45) in Salzwasser bißfest kochen, abseihen, mit kaltem Wasser spülen, zusammen mit Fleisch und Gemüsen anrichten und mit der heißen Bouillon übergießen.

Hühnersuppe mit Mägen

Oft werden in Geflügelgeschäften – zusätzlich zu den Hühnerteilen, die wir für die einfache Bouillon brauchen – auch gut geputzte Hühnermägen angeboten. Nach ihnen richtet sich dann die Kochzeit:
Sobald sie weich sind, werden sie aus dem Topf gehoben, abgekühlt, in dünne Scheiben geschnitten und zusammen mit den in Scheiben geschnittenen Wurzelgemüsen zur Suppe gegeben.

Entensuppe

Ente ist zu wertvoll und meist zum Braten bestimmt, als daß sie im ganzen für eine Suppe verwendet werden würde. Die »Suppenente« statt Suppenhuhn gibt es meines Wissens nur in Gegenden, in denen viele Enten gezüchtet werden, beispielsweise in Teilen Frankreichs oder Englands. Für eine **Entenbouillon** werden deshalb im Normalfall der lange Hals, die Haut vom Kropf, falls erhältlich Kopf und Schwimmfüße sowie Flügelenden, Magen und Herz verwendet.

500 g Entenfleisch (zusammengesetzt aus eben beschriebenen Teilen)
1 l Wasser oder Bouillon
1 Bund Wurzelgemüse (Suppengrün)
feine Schnittlauchröllchen zum Bestreuen

Das Entenfleisch wie bei der Hühnerbouillon (siehe Seite 73) so lange bei kleiner Hitze in Wasser oder Bouillon kochen, bis das halbierte Herz und der geviertelte Magen weich geworden sind. Dann die Suppe wie üblich abkühlen, entfetten und abseihen.

Herz und Magen blättrig schneiden, Hals und Flügelenden enthäuten und das Fleisch von den Knochen lösen. Die Haut wegwerfen, die Fleischteile dünn schneiden und zusammen mit den Wurzelgemüsen in der Suppe servieren. Mit gehacktem Schnittlauch bestreuen.

Englische Entensuppe

1 junge Ente · 1 Prise Thymian

weißer Pfeffer · Salz

1 große Möhre · 1 Petersilienwurzel

1 Stange Sellerie · 1 Zweig Liebstöckel

$^{1}/_{2}$ Bund Petersilie

1 $^{1}/_{2}$ l Wasser

3 EL frisch gepreßter Orangensaft

1 TL Zucker

evtl. etwas Zitronensaft

Die Ente vierteln und möglichst viel Fett entfernen. Außen mit Thymian, weißem Pfeffer und Salz einreiben und ein wenig ruhen lassen. Die Entenstücke zusammen mit den in Scheiben geschnittenen Gemüsen, den Kräutern und kaltem Wasser zum Kochen bringen, dann nur noch simmern lassen und den Schaum abschöpfen.

Nach eineinhalb Stunden sollte das Entenfleisch weich geworden sein. Dieses aus dem Topf heben, enthäuten, von den Knochen lösen und in Streifen schneiden. Danach mit dem gezuckerten Orangensaft und eventuell auch mit Zitronensaft übergießen.

Die Entensuppe entfetten und durch ein Sieb gießen, aufkochen und zusammen mit dem marinierten Entenfleisch servieren. In England werden zu dieser Suppe gekochte Kartoffeln gereicht.

Bouillon aus Gänseklein

Kopf, Hals, Flügel, Füße, Magen und Herz einer jungen Gans
1 $^1/_2$ l Wasser · $^1/_2$ Knolle Sellerie
2 große Möhren · 1 Zwiebel
1 Stange Lauch
je 1 Zweig Liebstöckel, Kerbel und frischer Thymian
1 Handvoll Petersilienblätter

Den Gänsemagen und die Füße in kochendem Wasser abbrühen und häuten. Den Kopf der Gans (falls vorhanden) quer durchhacken, den Hals mit der Haut in drei Teile schneiden, den Kropf gut säubern.
Das Gänseklein oder Gänsejung, wie es auch genannt wird, in kaltem Wasser zusammen mit den Gemüsen und Gewürzen weich kochen. Danach zuerst durch ein Sieb gießen und dann durch ein befeuchtetes Leinentuch seihen, abkühlen lassen und entfetten.
Diese klare Gänsebouillon kann nun in beliebiger Form weiterverwendet oder tiefgefroren werden.

Gebundene Gänsesuppe

Aus zwei Eßlöffel Butter und ebensoviel Mehl in einer Pfanne eine helle Sauce zubereiten, mit kalter Gänsebouillon aufgießen und gut kochen. Einen Spritzer Weißwein, einige Tropfen Zitrone sowie Muskatblüte oder Muskatnuß dazugeben und $^1/_8$ Liter süße Sahne darin verschlagen. Mit dem Gänsefleisch und eventuell den Gemüsen aus der Bouillon servieren.

Gänsebrustsuppe mit Bohnen

200 g weiße oder schwarze Bohnen

200 g geräucherte Gänsebrust

1 Zwiebel · 1 EL Öl

einige Streifen Paprika oder Peperoni

1 l Gänsebouillon (siehe Seite 81)

Salz · Pfeffer

1 EL Orangensaft

4 enthäutete Orangenspalten oder fein geschnittene Zwergorangen (Kumquats)

evtl. etwas saure Sahne

Die Bohnen über Nacht in Wasser einweichen, die Gänsebrust fein säubern, Ausgelöstes und Haut beiseite legen. Die fein gehackte Zwiebel in Öl goldgelb anrösten, Paprika oder Peperoni untermischen, dann die Gänsebrust-Reste und die Bohnen dazugeben. Mit Bouillon aufgießen und köcheln lassen, bis die Bohnen weich sind, schließlich mit Salz, schwarzem Pfeffer und Orangensaft abschmecken und mit dem Mixstab pürieren. Die Suppe wieder aufkochen, mit der in Scheiben geschnittenen Entenbrust, dem Orangenfleisch und eventuell etwas saurer Sahne garniert servieren.

Über das Binden oder Legieren von Suppen

Mit Mehl bestäuben

Dies ist sicher die einfachste Methode, um eine Suppe sämig zu machen, und vor allem für zarte Gemüse anzuraten. Wenn diese in wenig Butter oder Öl geröstet und im eigenen Saft gedünstet worden sind, genügt es, sie mit ein bis eineinhalb Eßlöffel Mehl zu bestäuben, die Flamme auf große Hitze zu stellen, das Ganze kurz durchzurühren und mit der im Rezept angegebenen Menge Wasser, Bouillon oder Gemüsebrühe aufzugießen. Die Flüssigkeit sollte kalt oder zumindest abgekühlt sein und gut verrührt werden, damit sich keine Klumpen bilden.

Mehl oder Speisestärke einrühren

Gesund und einfach ist das Binden von Suppen ohne Fett. Zu diesem Zweck werden Weizenmehl, Mais-, Reis- oder Kartoffelstärke entweder mit Wasser, Milch, süßer oder saurer Sahne verquirlt und gut geschlagen. Der Vorteil von Speisestärke ist, daß sie nicht klumpt.

Den Suppentopf vom Herd nehmen, das Mehl/Stärke-Gemisch langsam einrühren und mit einem Schneebesen gut verquirlen. Dann die Suppe aufkochen und noch etwa fünf Minuten zugedeckt ziehen lassen. Auch späteres Aufwärmen dieser Suppen ist möglich, die Bindung laßt dabei allerdings ein wenig noch.

Mehlschwitze

Um etwa einen Liter Suppe, ausreichend für vier Personen, zu binden, genügt es – je nach Geschmacksrichtung –, eineinhalb Eßlöffel Butter oder Öl in einer Pfanne zu erhitzen und drei Eßlöffel feines Mehl dazuzugeben. Dieses wird unter ständigem Rühren mit einem Kochlöffel angebräunt, vom Herd genommen und mit kaltem Wasser oder kalter Bouillon aufgegossen. Die Betonung liegt hier auf »kalt«, weil nur bei Verwendung von kaltem Wasser unter ständigem Verquirlen sichergestellt ist, daß keine Klumpen entstehen.

Die gut durchgerührte Mischung wird sofort in die Suppe gegossen, worauf diese kräftig durchgerührt und mindestens zehn Minuten gekocht wird, und zwar bei nicht ganz zugedecktem Topf. Erst nach etwa 15 Minuten verliert sich der typische Mehlgeschmack.

Ich kenne Meisterköche, die solcherart zubereitete Suppen bis zu zwei Stunden köcheln lassen (ohne die Gemüse natürlich!), damit man das Mehl nicht mehr schmeckt und eine perfekte Bindung der Suppe erhält.

Von der Bräunung des Mehls, wobei sich das in Brotrinden enthaltene Dextrin bildet, hängt es ab, wie geschmacksintensiv und dunkel eine Suppe wird. Für Rezepte aus hellen Gemüsen empfiehlt sich eine weiße bis hellgelbe Mehlschwitze, für Bohnen, Linsen usw. kann sie durchaus etwas stärker gebräunt sein. Für geschmacklich besonders gehaltvolle Suppen können auch frische Kräuter in Butter oder Öl ein wenig geröstet werden, ehe man das Mehl dazugibt. Dafür kommen vor allem Petersilie, Dill, Estragon oder Majoran in Frage. Vor allem empfiehlt sich hier die Verwendung von Zwiebel.

Legieren mit Ei und Sahne

Luxussuppen, wenn es dem Koch und den Gästen nicht auf die Kalorien ankommt, werden meist mit einer Mischung aus Eigelb und süßer Sahne gebunden. Für einen Liter Suppe, ausreichend für 4 Personen, genügen üblicherweise drei Eigelb und knapp $^{1}/_{4}$ Liter süße Sahne, für saure Suppen ebensoviele Eier und drei Eßlöffel saure Sahne.

Die Suppe vom Herd nehmen, die Ei-Sahne-Mischung schnell in die Suppe gießen, mit dem Schneebesen verrühren und nur noch wenig erhitzen. Wichtig: Nicht mehr aufkochen, weil sonst das Eigelb gerinnen und ausflocken würde! Auf diese Weise legierte Suppen können nur noch im Wasserbad warm gehalten werden.

Suppen als Zwischen- und Hauptgerichte

Wer ein wahrer »Suppentiger« ist, und davon gibt es viele, der kommt mit einer ordentlichen Portion Suppe leicht zwischen den Hauptmahlzeiten »über die Runden« oder verzichtet auf alles andere und nimmt nur den Suppentopf als Hauptgericht.

Die Vielfalt ist groß: Sie reicht von ungarischer Gulaschsuppe – bei Nachtschwärmern sehr beliebt – bis zum chinesischen Feuertopf, den es in der Schweiz auch als Suppenfondue gibt – fast ein kulinarisches Gesellschaftsspiel.

Für Suppen als Hauptmahlzeit sollten statt $^1/_4$ Liter 0,4 Liter pro Person gerechnet werden.

Hühnersuppe mit Nudeln und Gemüsen, *Rezept auf Seite 78*

Österreichische Gulaschsuppe

250 g Rindfleisch von der Wade (Hesse)

3 große Zwiebeln · 4 EL Öl oder Fett

1 1/2 EL Paprikapulver (edelsüß oder mittelscharf)

1 Spritzer Essig · 2 Knoblauchzehen

Majoran · Kümmel · Pfeffer · Salz

1 EL Tomatenmark

1 1/2 l Wasser oder besser Rinderbouillon

3 große Kartoffeln

Das Rindfleisch in Streifen oder kleine Würfel schneiden. Die fein geschnittenen Zwiebeln in Öl oder Fett goldgelb bis hellbraun anrösten, das Paprikapulver einstreuen, kurz durchrühren und mit Essig und Wasser ablöschen. Das Rindfleisch untermischen, Knoblauch, Gewürze und Tomatenmark zufügen. Das Ganze mit Wasser oder Bouillon aufgießen und köcheln lassen, bis das Rindfleisch fast weich ist.
Die rohen Kartoffeln schälen und in Würfel von etwa einem Zentimeter Seitenlänge schneiden, in die Suppe geben, eventuell mit Wasser oder Bouillon aufgießen und alles zusammen weich kochen. Die Stärke der Kartoffeln sorgt für die Bindung dieser Suppe.

Tip: Falls kein Rindfleisch verfügbar ist, kann Gulaschsuppe auch mit 200 Gramm gut geräucherter Wurst oder Würstchen geschmacklich interessant zubereitet werden.

Ungarische Gulaschsuppe

Sie unterscheidet sich von der österreichischen dadurch, daß statt Tomatenmark gleichzeitig mit den Kartoffeln geschälte und entkernte Stücke von zwei Tomaten dazugegeben werden. Mit der Suppe wird auch ein Stück fein geschnittene Peperoni mitgekocht oder auf die Suppe eine in Essig und Öl eingelegte Pfefferschote gegeben.

Gulaschsuppe mit Csipetki

Csipetki sind jene ungarische Version von Nudeln, die gerne und oft in der Gulaschsuppe gekocht werden.
Aus 200 Gramm Mehl, einem Ei und Salz einen festen Nudelteig rühren, ruhen lassen und von dem Teigklumpen mit den Fingern etwa erbsengroße Stücke abzupfen. Diese in die Suppe geben, nachdem Tomatenstücke und Kartoffelwürfel dazugegeben wurden.

Steirischer Schweinetopf mit Wurzeln

1 Knollensellerie · 2 große Möhren

1 weiße Rübe · 2 Petersilienwurzeln · 2 kleine Zwiebeln

1,5 l Schweine- oder Rinderbouillon

3 EL Weinessig · 1 TL Zucker

2 Knoblauchzehen · 1 Prise Salz · 1 Lorbeerblatt

5 Pfefferkörner · 3 Wacholderbeeren

700 g Vorderschinken mit Schwarte

1 großes Stück Meerrettich · 1 Bund Schnittlauch

Die Wurzelgemüse waschen, schälen und in feine, zündholzdicke Streifen schneiden, die Zwiebeln vierteln. Die Bouillon zum Kochen bringen, die Gemüse nur wenige Minuten darin kochen, danach abseihen, abtropfen lassen, beiseite stellen, den Sud aber aufheben. In diesem – zusammen mit Essig, Zucker, Knoblauch und den Gewürzen – den in große Stücke geschnittenen Vorderschinken etwa eineinhalb Stunden kochen, bis er weich ist.

Die Fleischstücke aus dem Topf heben und auf Tellern anrichten, die Wurzelgemüse mit einem Sieb in die Suppe hängen, erhitzen, portionsweise über das Fleisch verteilen und mit der heißen Suppe übergießen. Geriebenen Meerrettich und Schnittlauchröllchen darüberstreuen.

Als Beilage zu dieser eigentlich schon zur Hauptmahlzeit gewordenen Suppe werden auch häufig mit Kümmel gekochte Salzkartoffeln serviert.

Variation mit Schweinshaxen

Auf diese Weise können auch Schweinshaxen mit Essig, Wurzelstreifen und Meerrettich säuerlich zubereitet werden, die Garzeit ist dann allerdings kürzer. Die restliche Suppe kann man für andere Zwecke weiterverwenden, eventuell auch einfrieren.

Kalbshaxe in Wurzelgemüse

Für vier Personen sollten zwei Kalbshaxen als Hauptmahlzeit reichen. Mit dem Wurzelgemüse wird ebenso verfahren wie auf Seite 90, das Fleisch sollte man jedoch unbedingt in Rinder- oder Kalbsknochenbouillon weich kochen. Meerrettich kann man nach Belieben darüberstreuen, eventuell aber auch durch sehr viel gehackten Schnittlauch ersetzen.

Lammhaxen mit Wurzeln und Minze

Vier kleine Lammhaxen (insgesamt ca. 1200 Gramm samt Knochen) braucht man hierfür, dazu noch einen Zweig Rosmarin, einen Zweig Thymian und frische Minze.
Die Wurzelgemüse wie bei den vorigen Rezepten zubereiten, das Fleisch jedoch auch noch mit Rosmarin und Thymian würzen. Fleisch, Wurzelgemüse und Suppe auf Tellern anrichten und mit fein gehackter frischer Minze bestreuen.

Chinesischer Feuertopf

Für 6 Personen:
1000 g bestes, abgehangenes Rinderfilet
1 l Bouillon vom Huhn oder Rind · ausgelöste Shrimps
getrocknete chinesische Garnelen (aus dem Asienladen, wo Sie auch die restlichen exotischen Zutaten finden)
Glas- oder Reisnudeln
BEILAGEN:
getrocknete Pilze (Tongku oder Shiitake), ersatzweise frische Champignons
getrocknete Lilienblüten · Sojakeime, möglichst frisch
Bambussprossen (aus der Dose)
Wasserkastanien (aus der Dose)
zarte Möhren · Paprikaschoten nach Belieben
Sojasauce · Sambal (scharfe Chilipaste oder -sauce)
eingelegter Ingwer · Ingwerpflaumen (aus dem Glas)
AUSSERDEM:
Spirituskocher (Rechaud) mit Fonduetopf
oder ein echter chinesischer Feuertopf
chinesische Suppenschalen, Eßstäbchen und Porzellanlöffel; sehr praktisch sind auch die kleinen Siebe aus Metall, die man in die Brühe hängen kann

Zuerst getrocknete Pilze und getrocknete Lilienblüten für ein paar Stunden in Wasser einweichen. Das Rinderfilet kurz im Tiefkühlfach anfrieren, damit es sich leicht in hauchdünne Scheiben schneiden läßt, diese später auf einer Platte anrichten. Frische Champignons je nach Größe vierteln oder in Scheiben schneiden. Von den Sojakeimlingen eventuelle Schalen entfernen. Bambussprossen und Wasserkastanien blättrig schneiden.

Möhren oder Babykarotten kernig kochen und in Scheiben schneiden, eventuell Paprikaschoten in Streifen schneiden. Sojasauce, frischen, in Essig und Soja eingelegten Ingwer, klein geschnittene, in Honig eingelegte Ingwerpflaumen (aus dem Glas) und Sambal, die scharfe Chilisauce, in Schüsselchen anrichten.

Die eingeweichten Pilze und Lilienblüten abtropfen lassen und zusammen mit den anderen Beilagen in Schüsselchen oder Schalen auf dem Tisch plazieren.

Klassisch wird dieses Gericht mit Hühnerbouillon zubereitet, mit Rinderbouillon schmeckt es aber ebensogut. Die Brühe auf den Rechaud setzen, mit wenig Sojasauce würzen und köcheln lassen. Jeder der Teilnehmer an diesem Festmahl nimmt mit den Stäbchen (oder notfalls mit Fonduegabeln) Fleischstücke, Gemüse, Pilze und andere Zutaten, taucht sie kurz in die köchelnde Suppe, bis sie gar sind, und zieht sie letztlich durch die süßen, sauren oder scharfen Saucen. Sobald alle Zutaten aufgebraucht sind, die Nudeln in die inzwischen zu einer Essenz gekochten Suppe geben. Sobald sie weich sind, und das passiert innerhalb von 2–3 Minuten, nimmt sich jeder Gast eine Portion in seine Schale. Sollte die Brühe zu salzig sein, mit etwas heißem Wasser verdünnen.

Schweizer Suppenfondue

»La Fondue Chinoise« oder »Fondue Orientale« wird es genannt. Wer weiß, welchen seltsamen Weg diese Suppen-Idee von China in die Schweiz genommen hat! Von Marco Polo heißt es, er habe aus dem »Land der aufgehenden Sonne« die Nudeln nach Italien gebracht, aus denen letztlich Spaghetti und die riesige italienische Nudelvielfalt wurden. Steckt Marco Polo auch hinter dem Suppenfondue?
Die viele Arbeit für dieses Gericht lohnt sich sicher nur, wenn es von sechs Personen – an einem runden Tisch – verzehrt wird, denn dieses Fondue ist eine kulinarische Sensation, wie schon erwähnt eine Art Gesellschaftsspiel.

Für 6 Personen:
BEILAGEN:
frisches Weißbrot · Essiggurken · Perlzwiebeln
Baby-Maiskolben · Oliven · Peperoni
diverse Saucen und Mayonnaisen, wie sie auch zu anderen Schweizer Fondues serviert werden
evtl. Mango-Chutney und Chilisauce
600 g Rinderfilet · 600 g Schweinefilet
1 l Rinderbouillon
AUSSERDEM:
Spirituskocher (Rechaud) mit Fonduetopf

Zuerst die Beilagen zubereiten und in Schüsselchen anrichten. Dann das Fleisch gut von Haut und Sehnen befreien, waschen, mit einem Tuch abtrocknen und entweder – je nach optischem Geschmack – in Würfel oder in Scheiben schneiden.

In die Mitte des Tisches den Spiritusbrenner (Rechaud) mit dem Fonduetopf stellen, die Bouillon oder gar Consommé darin am besten schon vorher auf der Herdplatte zum Kochen bringen; während der Mahlzeit sollte sie aber nur simmern.
Mit der Fonduegabel nehmen die Gäste jeweils ein Fleischstück, tauchen es in den Fonduetopf und lassen es – je nach Vorliebe – ziehen, bis es innen durch oder noch rosa ist. Sobald die Zutaten aufgebraucht sind, wird die Suppe getrunken.

Tip: Sehr gut eignet sich hier eine Knoblauchsauce aus 1–2 fein gehackten und mit etwas Salz zerdrückten Knoblauchzehen, die mit Crème fraîche, etwas Pfeffer und Schnittlauchröllchen vermischt werden
Statt der Rinderbouillon können Sie auch Gemüsebrühe verwenden.

Russischer Borschtsch

Borschtsch ist in Rußland eine traditionelle Restesuppe (wie die Minestrone in Italien), bei der alles verwendet wird, was im Haus zu finden oder im Garten zu ernten ist. Diese Spezialität wurde von guten Köchen unterdessen kultiviert und verfeinert. Uns liegt sie nun in luxuriöser Form vor.
Für den unverwechselbaren Geschmack sorgen vor allem die roten Bete, Rindfleisch oder Schweinefleisch sowie Wirsing- oder Weißkohl und Rotwein.

Für 6 Personen:
3 kleine Knollen rote Bete · 5 EL Öl
20 g Räucherspeck · 3 EL Butter
1 große Zwiebel · 2 Möhren · $^1/_2$ Knolle Sellerie
1 Petersilienwurzel · 1 Stange Lauch
1 Lorbeerblatt · 5 Wacholderbeeren
1 großer Zweig Thymian
2 l Rinder- oder Schweinebouillon
1 Kopf Wirsing- oder Weißkohl
$^1/_4$ l Rotwein · 2 EL Tomatenmark
2 Knoblauchzehen · 1 TL Zucker
Salz · Pfeffer · 400 g Suppenfleisch
6 EL saure Sahne
3 EL gehackte Petersilie

Für dieses Rezept braucht man zwei große Pfannen und einen Topf: In der einen Pfanne die geraspelten roten Bete in Öl anrösten, bis sie glasig werden.
In der zweiten Pfanne den Räucherspeck anlaufen lassen, Butter dazugeben und darin die fein gehackte Zwiebel, klein ge-

schnittene Möhren, Sellerie, Petersilienwurzel und Lauch gut rösten. Dann die Gewürze dazugeben, mit wenig Bouillon aufgießen und zugedeckt 15 Minuten köcheln lassen. Alles durch ein Sieb passieren (eventuell nach Entfernen des Lorbeerblattes auch mit dem Stabmixer pürieren).
Die Bouillon in einem Topf erhitzen, rote Bete darin weich köcheln, nach der halben Garzeit den grob geschnittenen Kohl in die Suppe geben und sanft ziehen lassen. Schließlich die passierten Gemüse zufügen und mit Rotwein aufgießen. Den Borschtsch mit Tomatenmark, Knoblauch, Zucker, Salz und Pfeffer würzig abschmecken, das klein geschnittene Fleisch in große Suppenschalen geben und mit der heißen Suppe übergießen. Jeweils mit einem Eßlöffel saurer Sahne garnieren und mit Petersilie bestreut servieren.

Borschtsch mit vergorenen roten Beten

Eine russische Variation: Alle drei Knollen rote Bete werden kurz in Salzwasser aufgekocht, geschält, in feine Streifen geschnitten oder gerieben, mit wenig Zucker bestreut und in einer Schüssel so lange im Warmen stehen gelassen, bis sie vergären (bis zu 48 Stunden). Rote Bete und Saft wie beim vorhergehenden Rezept verarbeiten.

Italienische Minestrone

Es gibt keine Stadt und kein Dorf in Italien, das nicht seine »eigene« Minestrone hat und stolz darauf ist. Diese Suppe ist eigentlich »Resteverwertung« mit all jenen Zutaten, die üblicherweise in einem italienischen Haushalt vorhanden sind. Wir können davon ein Beispiel bringen, jedoch bleibt es der Fantasie des Lesers überlassen, selbst mit der Minestrone zu experimentieren

Für 6 Personen:
100 g getrocknete Bohnen · 2 Möhren
2 Kartoffeln · 1 Stange Sellerie
$^1/_2$ Fenchelknolle · 1 kleine Zucchini
1 Stück Wirsingkohl · 2 Tomaten
100 g junge Erbsen · 100 g grüne Bohnen
200 g Räucherspeck · 2 EL Olivenöl
1 große Zwiebel · 1 Knoblauchzehe
je ein großer Zweig Basilikum und Salbei
1 Bund Petersilie
2 l Gemüse- oder Rinderbouillon
$^1/_8$ l Weißwein nach Belieben
150 g Spaghetti, Makkaroni oder andere Nudeln
Salz · Pfeffer · geriebener Parmesan

Die getrockneten Bohnen waschen und über Nacht in Wasser einweichen, danach das Wasser abgießen und die Bohnen in Salzwasser weich kochen, anschließend warm stellen.
Unterdessen alle Gemüse in Streifen oder Würfel schneiden, die Tomaten blanchieren, schälen, entkernen und ebenfalls zerkleinern.

Den in Würfel geschnittenen Speck in Öl anrösten, die fein gehackte Zwiebel und Knoblauch zufügen, die gehackten Kräuter einstreuen und zugleich mit der Bouillon aufgießen, etwa 30 Minuten köcheln lassen.
In folgender Reihenfolge die Gemüse dazugeben: Zuerst die Möhren, dann Kartoffeln, Fenchel und Sellerie. Schließlich Zucchini, grüne Bohnen und Tomaten, zum Schluß den Wirsingkohl und die Erbsen. Den Deckel auflegen und alles 20 Minuten garen. Jetzt die getrockneten, inzwischen gekochten Bohnen und zuletzt die vorgekochten Nudeln zugeben.
Die Minestrone eventuell mit Weißwein verfeinern, auf jeden Fall mit Salz und Pfeffer abschmecken und mit geriebenem Parmesan servieren.

Tip: Sie können während der letzten zehn Minuten des Kochvorganges auch noch gekochtes, in Streifen geschnittenes Rindfleisch und/oder Pilze zur Minestrone geben.

Wiener Suppentopf

1,5 l Rinder- oder Hühnerbouillon

400 g Wade (Hesse) · 1 Hühnerbrust

200 g geräucherte Zunge vom Rind oder Schwein

2 Möhren · 1 weiße Rübe

Pfefferkörner · Salz

geriebene Muskatnuß

50 g feine Suppennudeln (fertig oder hausgemacht)

$^1/_2$ Stange Lauch · gehackter Schnittlauch

Die kalte Bouillon mit dem Fleisch in einem weiten Topf zum Kochen bringen und eine halbe Stunde köcheln lassen. Dann Möhren, Rübe, Pfefferkörner, Salz und geriebene Muskatnuß dazugeben. Nach einer weiteren halben Stunde sollten Hühnerbrust, Zunge und Gemüse weich sein und aus dem Topf gehoben werden. Die Wade (Hesse) noch etwa 45 Minuten weiterkochen, bis sie gar ist (Test mit der Fleischgabel machen!).
Die Suppennudeln in leicht gesalzenem Wasser weich kochen, abseihen, mit kaltem Wasser spülen und abtropfen lassen.
Die Fleischteile in große Stücke, Möhren und weiße Rübe in Scheiben schneiden, die Suppe abseihen und nochmals erhitzen. Darin den in Ringe geschnittenen Lauch weich dämpfen. Fleisch, Gemüse und Nudeln in eine große Terrine geben, mit der Suppe übergießen und mit viel gehacktem Schnittlauch servieren.

Tip: Die weiße Rübe können Sie auch durch eine weitere Möhre ersetzen.

Fischsuppen

Man kann es zwar nur vermuten, aber Fischsuppen zählten wahrscheinlich zu den allerersten auf dieser Welt. Was gibt es Einfacheres, als einen frisch gefangenen Fisch kurz zu kochen – und schon ist eine nahrhafte Mahlzeit fertig. Wie heute noch bei den Fischern Griechenlands: Makrelen, Meeräschen oder Brachsen kommen in einen Topf mit Meerwasser am offenen Feuer, zusammen mit ein paar würzigen, am Strand wachsenden Kräutern und Zitronensaft, um der Suppe die nötige Säure zu verleihen.

Dann sitzen die Männer gemeinsam um den Topf, tauchen Brot in die Flüssigkeit, trinken sie, nehmen mit den Fingern vom Fleisch der Fische und heben es sich bis zuletzt auf, die Köpfe auszusaugen.

»Der Kopf des Fisches ist das Allerbeste«, pflegte der Einsiedler Alfons »Xenophon« Hochhauser zu sagen, mit dem ich viele Wochen in Griechenland verbrachte. Tatsächlich: Selbst aus den Köpfen und Flossen von zwei oder drei großen Meeresfischen läßt sich schon eine wundervolle klare Suppe zubereiten. In der großen europäischen Suppenküche, vor allem in den mediterranen Ländern, sind diese alten Prinzipien zeitlos und nach wie vor gültig.

Einfacher Fischfond

1 l Wasser
Fischköpfe, Flossen, Gerippe und Haut, die nach dem Filetieren übrig bleiben
3 Zitronenscheiben mit Schale (ungespritzt)
$^1/_8$ l Weißwein · 1 Prise Salz
1 große Zwiebel

Alle Zutaten, eventuell auch etwas Suppengrün, mit kaltem Wasser in einen Topf geben. Die geschälte Zwiebel in dicke Scheiben schneiden. Alles ein bis eineinhalb Stunden gut kochen, danach durch ein Sieb gießen und durch ein feuchtes Leinentuch seihen.

Dieser Fond kann entweder für Saucen zu Fischgerichten oder anstelle von Wasser für Fischsuppen weiterverwendet werden, auch Einfrieren ist möglich.

Kräftige Fischsuppe

Dies ist ein hervorragendes Rezept, wenn man genügend Süß- oder Salzwasserfische zur Verfügung hat.

1 Petersilienwurzel · 1 Sellerieswurzel
1 Zwiebel · 500 g Süß- oder Salzwasserfische
1 Lorbeerblatt · 1 Prise Thymian
Petersilie · Kerbel · 5 Pfefferkörner
1 Prise Salz · 1 l Wasser oder Fischfond
1/8 l trockener Weißwein, Zitronensaft oder 1 EL weißer Weinessig

Die geputzten und fein geschnittenen Gemüse, die entschuppten und ausgenommenen Fische und die Gewürze mit kaltem Wasser oder Fischfond in einen Topf geben, ein bis eineinhalb Stunden köcheln lassen, nach der halben Kochzeit den Wein, Zitronensaft oder Weinessig zugießen.
Wie üblich abseihen, eventuell mit Eischnee klären, wie schon allgemein für Suppenrezepte auf Seite 27 empfohlen wurde.

Lachsklößchen

1 EL Butter · 2 Schalotten
200 g frisches Lachsfilet
1/8 l Weißwein oder trockener Sherry
1/4 l Fischfond (siehe Seite 102)
Salz · 1 TL Dill · 1 Prise weißer Pfeffer
2 Eiweiß · 1 EL feines Weizenmehl

Butter aufschäumen lassen, fein gehackte Schalotten kurz darin rösten, den in Würfel geschnittenen Lachs dazugeben und sogleich mit Weißwein oder Sherry und Fischfond aufgießen. Danach Salz und die restlichen Gewürze dazugeben und kurz köcheln lassen, bis die Filetstücke gar sind. Diese aus dem Fond heben, in einem Sieb gut abtropfen lassen und im Mixer sehr fein pürieren.

Aus dem Eiweiß einen festen Eischnee schlagen, wenig salzen und das Lachspüree sowie das Mehl vorsichtig darunterheben, damit der Eischnee nicht zusammenfällt. Diese Masse kurz im Kühlschrank ruhen lassen, dann mit einem großen Löffel, der immer wieder naß gemacht wird, große Klößchen ausstechen, in köchelndes Salzwasser oder noch besser in Fischfond einlegen und nur kurz pochieren, bis sie steif geworden sind. Jeweils ein bis zwei Klößchen portionsweise in heißer Fischsuppe anrichten.

Sauerampfercremesuppe mit Forellenklößchen,
Rezepte auf Seite 106 und 196

Hechtklößchen

200 g Hechtfleisch
2 Eiweiß · 1/16 l süße Sahne
3 EL Paniermehl
Salz · Pfeffer
1 Prise Thymian

Das entgrätete Hechtfleisch im Mixer zerkleinern, mit dem Eiweiß, der Sahne und Paniermehl vermischen, danach würzen und rühren, bis ein geschmeidiger Teig entsteht. Diesen im Kühlschrank ruhen lassen, danach kleine Klößchen formen und in der Fischbouillon leicht köcheln lassen. Unbedingt ein Testklößchen kochen! Falls es zerfällt, noch etwas Paniermehl dazugeben.

Forellenklößchen

(siehe Foto Seite 105)

Entgrätete Forellenfilets weich dämpfen; weil das Fleisch sehr zart ist, bedarf es hier nur einer kürzeren Kochzeit. Als Gewürz empfiehlt sich eine Prise Thymian. Ansonsten entsprechen die Zubereitung und die restlichen Zutaten denen der Hechtklößchen.
Bachforelle, Regenbogenforelle oder die sogenannte Lachsforelle (durch besondere Fütterung wird ihr Fleisch rosa) sind gleichermaßen verwendbar. Klößchen ausstechen, eventuell in gesalzener kochender Milch weich dämpfen.

Fischrogensuppe

250 g Rogen und/oder Milch vom Karpfen, Hering oder anderen Fischen
1 EL Essig · 1/4 l Wasser
2 EL Butter · 2 EL Mehl
1/8 l Rotwein
1 l Fischfond (siehe Seite 102)
1/2 TL Zucker · 1 EL Zitronensaft
Salz · weißer Pfeffer

Fischrogen und/oder Fischmilch in mit Essig gesäuertem Wasser zehn Minuten kochen und abseihen. Aus Butter und Mehl eine goldgelbe Mehlschwitze zubereiten, mit Rotwein ablöschen und mit dem kalten Fischfond übergießen. Gut durchrühren, damit sich keine Klumpen bilden, und zehn Minuten köcheln lassen. Gegen Ende der Kochzeit Rogen/Milch der Fische beigeben und mit Zucker, Zitronensaft, Salz und weißem Pfeffer abschmecken.
Diese Suppe sollte kräftig süß-sauer schmecken und mit gerösteten Brotwürfeln (siehe Seite 39) serviert werden.

Ungarische Fischsuppe

Diese Suppe erhält ihren Geschmack aus der Mischung verschiedener Süßwasserfische und dem Aroma von Paprikaschoten, Paprikapulver und/oder Peperoni.

500 g Köpfe, Flossen oder Fleischstücke von Karpfen, Schleie, Barbe, Hecht und/oder Wels
Rogen und Milch der Fische
Essig · 1 große Zwiebel
2 Möhren · 1 Petersilienwurzel · 1 Paprikaschote
1 Tomate · 1 l Fischfond (siehe Seite 102)
1 TL Paprikapulver · 1 Knoblauchzehe
5 Pfefferkörner · Salz · 1 Prise Thymian
1/2 TL Zucker · weißer Pfeffer · evtl. 1/2 Peperoni

Die Fischstücke in einen weiten Topf schichten, Zwiebelringe darübergeben, dann die fein geschnittenen Wurzelgemüse und die in Streifen geschnittene Paprikaschote. Die Tomate blanchieren, schälen und entkernen. Alles mit kaltem Fischfond aufgießen, zum Kochen bringen und langsam simmern lassen. Paprikapulver und die übrigen Gewürze einstreuen, eventuell auch eine in dünne Streifen geschnittene Peperoni dazugeben und die Suppe etwa eineinhalb Stunden köcheln lassen.

Danach abseihen, verwendbare Teile vom Fisch und den Gemüsen aus dem Sieb nehmen und beiseite stellen. Fischrogen und/oder Fischmilch in gesalzenem und mit Essig gesäuertem Wasser zehn Minuten kochen, zusammen mit Fischfleisch und Gemüsen in Suppentassen verteilen und mit der aufgekochten Fischsuppe, die mit etwas Zucker, Salz und weißem Pfeffer abgeschmeckt wurde, übergießen.

Die Bouillabaisse

Die Bouillabaisse schlechthin gibt es nicht. Praktisch jeder französische Küstenort sowie jedes Restaurant beanspruchen für sich, die allerbeste Version dieser berühmten Fischsuppe herzustellen.

Ein Grundsatz ist jedoch allen Köchen gemein: Auf die Vielfalt verschiedener Meeresfische kommt es an, auf die verwendeten Gewürze, eventuell auch noch die Zugabe von Muscheln und Krebsen.

500 g gemischte Meeresfische von je etwa 20 cm Länge
1 kleine Zwiebel · 1 l Wasser · 2 Tomaten
1 Knoblauchzehe · 1/2 Fenchelknolle · 1/2 Stange Lauch
1 EL Öl · 1 Prise Thymian · 2 EL Petersilie · 1 Lorbeerblatt
1 Prise Safran · Salz · Pfeffer · Saft von 1/2 Zitrone
1/2 TL Zucker · geröstete Weißbrotschnitten · frische Kräuter

Die Fische putzen, Köpfe und Schwanzflossen mit der grob gehackten Zwiebel eine Stunde lang in leicht gesalzenem Wasser kochen, den Fond abseihen.

Tomaten in Scheiben schneiden, Knoblauch und Fenchel fein hacken, mit den Lauchstreifen in einen weiten Topf geben und in Öl ein wenig erhitzen. Alle Gewürze und die Fische mit festem Fleisch dazugeben, mit einem Teil des Fischfonds übergießen und fünf Minuten köcheln lassen. Die Fische mit weicherem Fleisch in den Topf legen, nochmals mit heißem Fond aufgießen und weitere fünf Minuten simmern lassen, mit Zitronensaft, Zucker, Salz und Pfeffer abschmecken.

Die Bouillabaisse über braun geröstete Weißbrotschnitten (siehe Seite 39), die auf den Grund einer weiten Schüssel gelegt wurden, gießen, die gedämpften Fische darauf legen und mit gehackten Kräutern bestreut servieren.

Toskanische Cacciucco

Eine reichhaltige Suppe aus verschiedensten Meeresfrüchten, die gekocht wird, wenn in der Toskana im Sommer das Angebot auf dem Markt besonders üppig ist.

1000 g verschiedene Fischsorten, auch Tintenfisch, Scampi, Garnelen oder Bärenkrebse
300 g Miesmuscheln
1 l Wasser oder Fischfond (siehe Seite 102)
1 große Zwiebel · 2 Knoblauchzehen
3 EL Olivenöl · 1 Chilischote
1 Handvoll Petersilie · 3 reife Tomaten
1/4 l Weißwein
Weißbrotscheiben, getoastet und mit Knoblauch eingerieben

Fische säubern, Tintenfisch in Stücke schneiden, Scampi im ganzen lassen, Muscheln bürsten und waschen und in wenig Fischfond kurz aufkochen, damit sie sich öffnen. Ungeöffnete Exemplare wegwerfen. Abseihen, den Muschelsud aufheben.

Geschnittene Zwiebel und zerdrückte Knoblauchzehen in Olivenöl anbraten, Chilischote, dann die fein gehackte Petersilie sowie die geschälten und in Würfel geschnittenen Tomaten dazugeben. Das Ganze mit Weißwein aufgießen, die abgeseihte Muschelbrühe und den Rest des Fischfonds dazugießen und alles gut aufkochen.

In diese Suppe zunächst die größeren Fische mit festem Fleisch geben, dann den Tintenfisch, kleinere Fische und zuletzt Scampi oder Garnelen. Den Topf nur rütteln, keinesfalls umrühren, weil sonst die Fische zerfallen würden. Sobald die Fi-

sche gar sind (Test mit der Gabel machen!), die Muscheln dazugeben und kurz erhitzen.
Die mit Knoblauch eingeriebenen Weißbrotscheiben in große Suppenteller legen, mit den aus dem Sud gehobenen Fischen, Krebsen und Muscheln bedecken und mit reichlich dampfender Suppe übergießen.

Hamburger Aalsuppe

250 g grüner (also frischer, ungeräucherter) Aal

1 Schinkenknochen

1 $^1/_4$ l Wasser oder Rinderbouillon

100 g Backpflaumen · 1 Birne · $^1/_2$ TL Zucker

1 Spritzer Essig oder Zitronensaft

1 große Zwiebel · 1 Petersilienwurzel

2 Möhren · $^1/_4$ Knolle Sellerie · 1 EL Mehl

3 EL gemischte, gehackte Kräuter (Salbei, Basilikum, Petersilie und Majoran)

Salz

Den enthäuteten Aal in etwa vier Zentimeter lange Stücke schneiden und kalt stellen. Den Schinkenknochen in kaltem Wasser oder in kalter Bouillon etwa zweieinhalb Stunden köcheln lassen, die Brühe abseihen.
Unterdessen die Backpflaumen in lauwarmem Wasser quellen lassen, die Birne entkernen und mit Zucker und Essig oder Zitronensaft weich kochen. Die geputzten Gemüse in Streifen oder Würfel schneiden, in die Schinkenknochen-Bouillon geben und halb gar kochen, dann Pflaumen und Birnenstücke zufügen, das Mehl mit dem Backpflaumensud verquirlen und damit die Suppe legieren. Jetzt die gehackten Kräuter dazugeben.
Die Aalstücke in die Suppe legen und nur etwa acht bis zehn Minuten ziehen lassen. Zuletzt mit Salz, eventuell noch Zucker und Essig süß-sauer abschmecken.
Als Einlage in die Aalsuppe eignen sich kleine Klößchen beliebiger Art.

Suppen aus Muscheln und Krustentieren

Aus den Küstenländern, in denen eine Vielfalt an Muscheln, Krebsen, Langusten und Hummer zur Verfügung steht und relativ billig zu kaufen ist, stammen diese herrlichen Suppenrezepte.

Früher war es verpönt, in den Monaten Mai, Juni, Juli und August Austern und andere Muscheln zu essen, was lediglich durch die leichtere Verderblichkeit und den langen Transportweg begründet war.

Da es durch bessere Kühlmöglichkeiten mittlerweile möglich ist, selbst Austern in den »Monaten ohne r« über weite Strecken zu transportieren und auf die Kontinentalmärkte zu bringen, eröffnen sich für die Suppenküche unbegrenzte Möglichkeiten.

Miesmuschelsuppe

Dieses Rezept hat der Autor nach unzähligen mediterranen »Muschel-Abenden« weiterentwickelt.

2 große Zwiebeln · 2 EL Butter
3 Knoblauchzehen · 1 Handvoll frisches Basilikum
$^1/_4$ l Weißwein · 1 l Rinderbouillon
3 Zitronenscheiben (ungespritzt) · weißer Pfeffer
1 Lorbeerblatt · 1 großer Zweig Rosmarin oder Rosmarinpulver
Zitronensaft · 1 TL Puderzucker · evtl. etwas Salz
1500 g frische Miesmuscheln
3 EL grob gehackte Petersilie
1 EL kalt gepreßtes Olivenöl

Zunächst den Sud vorbereiten, in dem später die Muscheln gekocht werden: Die fein gehackten Zwiebeln in Butter goldgelb andünsten, gehackten Knoblauch und die fein gehackten Basilikumblätter dazugeben. Mit dem Weißwein ablöschen, aufkochen und die Bouillon dazugießen. Alles zusammen mit Zitronenscheiben, Pfeffer, Lorbeer und Rosmarin zugedeckt eine halbe Stunde köcheln lassen. Die Brühe durch ein Sieb gießen, Zwiebeln und Gewürze mit einem Kochlöffel durch das Sieb passieren.
Die Suppe in einen weiten Topf gießen, mit Zitronensaft, Zucker und eventuell noch Salz abschmecken, stark aufkochen und darin die sorgfältig gesäuberten Miesmuscheln etwa zehn Minuten gar ziehen lassen, bis sie sich geöffnet haben. Zuletzt reichlich gehackte Petersilie darauf streuen und tropfenweise feinstes Olivenöl darüberträufeln.
Mit frischem oder geröstetem Weißbrot servieren.

Italienische Muschelsuppe

1500 g Miesmuscheln, Venusmuscheln oder Herzmuscheln

$^{3}/_{4}$ l Fischfond (siehe Seite 102), Bouillon oder Wasser

$^{1}/_{4}$ l Weißwein · evtl. etwas Suppengrün

1 großer Zweig Rosmarin

1 Zwiebel · 3 EL Olivenöl

300 g geschälte, klein geschnittene Tomaten

1 Chilischote · Salz · Pfeffer

1 Knoblauchzehe · gehackte Petersilie

Die Muscheln gut waschen und abbürsten, in einer tiefen, weiten Pfanne mit Fischfond, der Hälfte des Weißweines, eventuell etwas Suppengrün und dem Rosmarin bei starker Hitze kochen, bis sich die Muscheln öffnen. Den Topf beiseite stellen, die leeren Hälften der Muschelschalen entfernen, die Flüssigkeit abkühlen lassen, durch ein feines Tuch seihen und aufbewahren.
In derselben Pfanne die fein gehackte Zwiebel in Olivenöl anrösten und mit dem Rest des Weißweines aufgießen, dann fein geschnittene Tomaten, Chilischote, Salz, Pfeffer und Knoblauch dazugeben. Gut aufkochen, den Muschelsud dazugießen. Jetzt die Muscheln mit der einen Schalenhälfte in die Pfanne geben und nur noch langsam köcheln, bis sie heiß sind. Zuletzt Petersilie darüber streuen und servieren. Jeder nimmt sich von den Muscheln und der Suppe, soviel er will, und ißt Weißbrot dazu.

Tip: Die Italiener verwenden für solche Gerichte keinen Zucker – vermutlich, weil ihre reifen Tomaten süß genug sind. Bei uns empfiehlt es sich, dieser Suppe einen Teelöffel Puderzucker zur Abrundung des Geschmacks beizugeben.

»Consommé« mit Austern

12 große, frische Austern (3 Stück pro Suppenportion)
$^3/_4$ l Rinderconsommé
1 Spritzer Zitronensaft
1 EL trockener Sherry · weißer Pfeffer

Die Austern aufbrechen, aus den Schalen lösen und in eine Schüssel gleiten lassen. Das Muschelfleisch in ein Sieb legen, die mit Meerwasser angereicherte Flüssigkeit in einen kleinen Topf füllen, mit etwas Consommé aufgießen und mit Zitronensaft würzen. Die Austern im Sieb in diesem Sud gar ziehen lassen, bis sie sich zusammengezogen haben, dann herausheben und in die Suppentassen legen.
Unterdessen den Rest der Consommé in einem separaten Topf erhitzen, mit Sherry und weißem Pfeffer abschmecken, ein wenig des heißen Muschelsuds zufügen und über die Austern in den Suppentassen gießen.

Amsterdamer Austernsuppe

16 kleine Austern · 2 EL Zitronensaft

1 l Fischfond (siehe Seite 102)

3 EL Butter · 3 EL Mehl · Salz

weißer Pfeffer

1 TL Paprikapulver, mittelscharf

1/8 l süße oder saure Sahne

gehackte Petersilie zum Bestreuen

Die Austern aus den Schalen brechen, auslösen und in mit Zitronensaft versetztem Fischfond gar ziehen lassen. Danach herausheben oder abseihen, den Fond zum Abkühlen beiseite stellen.
Butter aufschäumen, das Mehl darin bräunen und unter ständigem Rühren den Fischfond zugießen, etwa 20 Minuten köcheln, Salz, Pfeffer und Paprikapulver dazugeben und kurz vor dem Servieren die Sahne einrühren.
Je vier Austern in kleine Suppenschalen legen und mit der heißen Consommé übergießen. Mit gehackter Petersilie bestreut servieren.

Tip: Falls für diese beiden Rezepte eingelegte, in Salzwasser gekochte Austern verwendet werden, entfällt der erste Kochvorgang. Sie werden lediglich zuletzt in die Suppe gegeben und kurz aufgekocht.

Einfache Garnelensuppe

Für diese schnelle Suppe, die in zehn Minuten fertig sein kann, brauchen wir tiefgekühlte »Krebschen«. Die Garnelen ganz langsam im Kühlschrank auftauen und gut abtropfen lassen. Jene aus dem Glas auf Küchenkrepp oder einer Stoffserviette trocknen lassen.

2 EL Butter oder Öl
300 g Garnelen (tiefgefroren oder in Salzwasser eingelegt aus dem Glas)
$^1/_8$ l Madeira
$^1/_4$ l Fischfond (siehe Seite 102) oder Rinderconsommé
3 Eigelb · $^1/_4$ l süße Sahne
Salz · weißer Pfeffer

Butter aufschäumen oder Öl erhitzen, die Hälfte der Garnelen rundum bei kleiner Hitze anrösten, bis sie eine goldgelbe Farbe annehmen – das erzeugt die entscheidenden Geschmackstoffe. Mit Madeira aufgießen, kurz köcheln lassen, Fischfond oder Consommé dazugießen und zum Kochen bringen. Dann die zweite Hälfte der Garnelen einstreuen, nach einer Minute die Suppe mit verquirltem Eigelb und der Sahne legieren, mit Salz (Vorsicht, Garnelen aus dem Glas sind schon gesalzen!) und weißem Pfeffer abschmecken.

Krebsschwänze in Consommé

Eine zweite einfache Möglichkeit: Garnelen, Stücke von Scampi – oder Hummerschwanz – in klarem Fischfond oder in Consommé kurz aufkochen.

Englische Hummersuppe

1 Hummer (etwa 1500 g)

100 g Butter · 1 l Milch

Frischen Hummer durch einen Schlag auf den Kopf töten und sofort in kochend heißes Salzwasser stürzen. Tiefgekühlten Hummer langsam im Kühlschrank auftauen lassen und ebenfalls zehn Minuten in Salzwasser garen. Noch warm aus dem Panzer lösen, den Darm vom Schwanzstück entfernen und alles in mundgerechte Stücke schneiden.
Die Butter in einem Topf aufschäumen, die Hummerstücke dazugeben, auf kleine Hitze zurückdrehen und etwa zehn Minuten gar ziehen lassen. Dann unter ständigem Rühren die Milch eingießen, nur kurz aufkochen, abkühlen und in den Kühlschrank stellen.
Britische Köche empfehlen, diese Suppe zwölf bis achtzehn Stunden gekühlt aufzubewahren, ehe sie vor dem Servieren erhitzt, aber nicht mehr zum Kochen gebracht wird.

Französische Hummersuppe

1 Möhre · 1/2 Stange Lauch · 1 Petersilienwurzel

1 Stange Sellerie · 1 Stück Fenchelknolle

1 Lorbeerblatt · 1 Knoblauchzehe

je 1 großer Zweig Estragon, Basilikum, Bohnenkraut und Liebstöckel

1 Prise Thymian · Salz · weißer Pfeffer

1/2 l Wasser oder Fischfond (siehe Seite 102)

1/4 l Weißwein · 1/16 l Cognac

1 Hummer (etwa 1500 g)

1 große Zwiebel · 2 EL Butter oder Öl

1 Handvoll Paniermehl

evtl. etwas Zitronensaft · 1/8 l süße Sahne

Aus allen Gemüsen (ohne Zwiebel) und Gewürzen mit heißem Wasser oder Fischsud einen kräftigen Fond herstellen, zehn Minuten köcheln lassen, dann Weißwein und Cognac dazugießen, aufkochen und den Hummer darin etwa 15 Minuten zugedeckt ziehen lassen. Danach den Hummer herausheben, das Fleisch aus Scheren sowie Schwanz auslösen und beiseite stellen. Den Fond abseihen und aufbewahren, die Gewürze wegwerfen, nur die Gemüse aus dem Sieb heben und abgetropft klein schneiden, sobald sie ausgekühlt sind. Die Schalen des Hummers mit Beinen und dem Mittelteil in einem Mörser zerstoßen (ein Mixer würde diese Prozedur nicht überleben).

Die fein gehackte Zwiebel in Butter oder Öl goldgelb andünsten, die zerstoßenen Hummerschalen in die Pfanne geben und kräftig rösten. Jetzt die Gemüse dazugeben, mit ein wenig Fond aufgießen und 30 Minuten köcheln lassen, eventuell noch etwas Fond nachgießen.

Diese »Bisque«, wie sie die Franzosen nennen würden, durch ein Passiersieb (»Flotte Lotte«) in einen Topf drücken, wieder erhitzen und mit Paniermehl binden. Weitere 15 Minuten köcheln lassen und oft umrühren, bis eine cremige Konsistenz entsteht. Die Hummerstücke dazugeben, mit Salz, weißem Pfeffer und eventuell einem Spritzer Zitronensaft abschmecken, nur noch kurz köcheln lassen und letztlich mit süßer Sahne legieren.

Variation mit Langusten oder Scampi

Ebenso wird mit Langusten verfahren, von trickreichen Köchen überall in der Welt als »Lobster« (Hummer) angeboten. Feinschmecker sollten den Unterschied kennen: Ein Hummer verfügt über große Zangenscheren, die einen menschlichen Finger mit Leichtigkeit abtrennen können – also Vorsicht!
Langusten dagegen, aus dem Mittelmeer oder den tropischen Meeren stammend, verfügen nur über kleine, lange und schmale Scheren und sind geschmacklich mit Hummer nicht zu vergleichen.
Auch Scampi – heute beschönigend als »Langustinos« angeboten – können zu einer solchen Cremesuppe verarbeitet werden.

Französische Flußkrebssuppe

Verwenden Sie hierfür sämtliche Zutaten der »französischen Hummersuppe«, ersetzen Sie nur den Hummer durch zehn bis fünfzehn frische Flußkrebse (écrevisses).
Diese schnell in stark kochendem Wasser töten, kurz köcheln und wieder herausheben.
Dann die klein geschnittenen Gemüse in einer großen, weiten Pfanne in Butter anbraten, Krebse und Gewürze dazugeben und gut rösten, mit Weißwein und Cognac aufgießen. Zugedeckt etwa zehn Minuten kochen.
Nach kurzem Abkühlen die Krebse herausnehmen, die Schwänze aus den Schalen lösen und beiseite stellen. Scheren, Beine und Panzer im Mörser grob zerstoßen und durch den Fleischwolf drehen (die weicheren Flußkrebsschalen übersteht das Gerät), danach wieder zu den Gemüsen mischen. Mit Fischfond oder Bouillon aufgießen und 30 Minuten köcheln lassen, dann passieren. Wie beim Hummer-Rezept die Suppe abschmecken, die Krebsschwänze einlegen und zum Schluß mit flüssiger oder auch geschlagener Sahne legieren.

Krebssuppe, flambiert

Diese Suppe wird genauso wie die »französische Flußkrebssuppe« zubereitet, doch werden die in Salzwasser getöteten und kurz geköchelten Krebse abgetropft und rundum in Butter geröstet.
Danach die Pfanne vom Herd nehmen, mit $^{1}/_{16}$ Liter Cognac flambieren und wie oben beschrieben fertigstellen.

Altwiener Kartoffelsuppe, Rezept auf Seite 142

Gemüsesuppen von Artischocke bis Zwiebel

Es gibt, wie Sie in diesem Kapitel feststellen werden, kaum ein heimisches oder importiertes Gemüse, aus dem sich nicht eine köstliche Suppe zubereiten ließe. Die Inhaltsstoffe, Vitamine und Mineralien müssen weitgehend erhalten bleiben. Schonendes, langsames Köcheln bzw. Simmern ist also gefragt. Andererseits: Wenn pürierte Gemüsesuppen zubereitet werden sollen, kann es schon geschehen, daß dieser Grundsatz durchbrochen wird, die Zutaten sehr weich gekocht werden müssen, damit sie leicht pürierbar sind. Dann heißt es: Suppen-Wohlbefinden geht vor Gesundheitsprinzipien. Bevor wir zu der im Titel angekündigten alphabetischen Reihung der Gemüsesuppen übergehen, möchten wir Ihnen nach den Tips noch die drei klassischen Grundrezepte der Gemüsesuppenküche vorstellen.

Allgemeine Tips

Wasser oder Bouillon als Basis

Als Flüssigkeitsbasis verwenden wir entweder schlicht Wasser oder eine in größeren Mengen vorbereitete Gemüsebouillon, die sich im Kühlschrank etwa eine Woche hält.
Die andere, geschmacklich vielleicht noch bessere Möglichkeit: Auch für Gemüsesuppen kann man die diversen Fleischbouillons von Rind, Schwein oder Geflügel verwenden.

Je frischer, desto besser

Gemüse für Suppen sollten möglichst frisch sein. Tiefkühlprodukte sind eine Notlösung, wenn Suppen-Eile herrscht. In Salzwasser gekochte Bohnen, Linsen, Erbsen oder Maiskörner ersparen Arbeit und sind durchaus brauchbar, andere Dosengemüse sollten nur im Notfall einen Ersatz darstellen.

Die Bindung von Gemüsesuppen

Abgesehen von den auf Seite 83 ff. beschriebenen Möglichkeiten, eine Suppe zu binden, kommt für Gemüsesuppen auch noch eine Bindung mit Kartoffelflocken oder handelsüblichem Kartoffelpüree in Frage, etwa zwei bis drei Eßlöffel pro Liter werden wohl genügen. Eine kurzfristige Bindung entsteht auch, wenn eiskalte Butterstücke eingerührt werden. Sie verbessern die Suppe auf jeden Fall geschmacklich.

$^1/_4$ Liter pro Person

Mit Ausnahme der Grundsuppen, die zweckmäßigerweise in größeren Mengen hergestellt werden sollten, und jener Rezepte, bei denen extra auf eine andere Menge hingewiesen wird, beziehen sich alle Rezepte in diesem Buch auf vier Portionen. Die Faustregel in der Suppenküche lautet: $^1/_4$ Liter pro Person, eher etwas mehr als weniger, um noch nachreichen zu können, wenn die Suppe schmeckt – was ja hoffentlich der Fall ist.
Für kräftige Consommé und Consommé double, die in kleinen Tassen serviert werden, sollten 0,15 bis 0,2 Liter pro Person ausreichen.

Die klare Gemüsebouillon

Es kann für einfache Gemüsesuppen natürlich auch Wasser verwendet werden, für luxuriöse nimmt man Hühner- oder Rinderbouillon. Ein gutes Mittelding ist diese klare Gemüsebouillon.

2 große Zwiebeln
4 Blätter Weißkohl und/oder Wirsingkohl
1 Kopfsalat oder Eissalat · 1 Bund Petersilie mit Stielen
5 Möhren · $^1/_2$ Kohlrabi
2 Stangen Sellerie mit Blättern
$^1/_2$ Knolle Sellerie · 2 Stangen Lauch
5 Blumenkohlröschen · 1 Lorbeerblatt · 3 Pfefferkörner
1 großer Zweig Liebstöckel
1 Prise Thymian · 2 TL Salz · 1 $^1/_2$ l Wasser

Die Zwiebeln und alle Blattgemüse in dünne Streifen schneiden, Möhren, Kohlrabi, Sellerie und Lauch in Stücke hacken, die Blumenkohlröschen im ganzen lassen.
Alle Gemüse mit den Gewürzen in einen großen Topf geben, mit kaltem Wasser aufgießen und langsam zum Kochen bringen. Den entstehenden Schaum abschöpfen, dann den Deckel auflegen, aber einen Spalt offen lassen. Nach etwa 50 Minuten sanftem Köcheln die Gemüsebouillon durch ein Sieb in eine Schüssel gießen, abkühlen lassen und zur weiteren Verwendung bereithalten.

Tip: Die mitgekochten Gemüse sind allemal noch geeignet, um, mit dem Mixstab püriert, eine kräftige Cremesuppe abzugeben: Mit einem Spritzer Weißwein verfeinern, aufkochen, mit Salz und Pfeffer abschmecken und beliebig legieren.

Klare Gemüsesuppe mit Nudeln

1 Möhre · 1 weiße Rübe · $^1/_4$–$^1/_2$ Knolle Sellerie
1 l Gemüsebouillon
$^1/_2$ Stange Lauch (nur der weiße untere Teil)
100 g Fadennudeln · gehackte Petersilie

Die Wurzelgemüse in Stifte schneiden und in der Gemüsebouillon weich kochen. Den Lauch in Röllchen schneiden und fünf Minuten vor der Fertigstellung einstreuen, kurz köcheln lassen.
Die Suppe über die vorgekochten Fadennudeln gießen und mit gehackter Petersilie bestreuen. Auch frischer Schnittlauch paßt exzellent.

Einfache Gemüsesuppe

300 g Gemüse nach Saison (Möhren, Sellerie, Kartoffeln, weiße Rüben usw.)
1 l Gemüse- oder Knochenbouillon
1 Zwiebel · 2 EL Butter · 2 EL Mehl
Salz · Pfeffer · Muskatnuß

Die Gemüse – je nach Geschmack – in feine Streifen, Scheiben oder Würfel schneiden. Die Kartoffeln in jedem Fall würfeln. Alles in Gemüse- oder Knochenbouillon weich köcheln. Dann die Zwiebel in Butter andünsten, mit Mehl bestäuben, durchrühren und mit kalter Bouillon oder Wasser aufgießen. Damit die Suppe binden und nochmals zehn Minuten kochen. Mit Salz, weißem Pfeffer und Muskatnuß abschmecken.

Variation mit gerösteten Gemüsen

Noch gehaltvoller wird diese Suppe, wenn geschnittene Gemüse in zwei bis drei Eßlöffel Butter oder drei Eßlöffel Pflanzenöl geröstet, dann mit drei Eßlöffel Weizenmehl bestreut, mit kalter Gemüsebouillon aufgegossen und schließlich weich gekocht werden.

Italienische Artischockensuppe

12 Artischockenherzen (außerhalb der Saison auch eingelegte)
1 l Gemüse- oder Rinderbouillon
Saft von 1/2 Zitrone
1 EL Tomatenmark · Salz · Pfeffer
1/4 l saure Sahne

Die Artischockenherzen in wenig Bouillon mit Zitronensaft weich kochen und pürieren. Vorher ein Stück herausnehmen, quer in dünne Scheiben schneiden und später zur Garnierung verwenden.
Das Artischockenpüree in die restliche Bouillon gießen, mit Tomatenmark, Salz und Pfeffer abschmecken und zuletzt die in kaltem Wasser verquirlte saure Sahne mit dem Schneebesen einrühren.

Artischockenböden mit Shrimps

Ausgezeichnet schmeckt es auch, wenn vorgekochte Artischockenböden etwas ausgehöhlt, mit Shrimps gefüllt, mit einem kleinen Stück Schmelzkäse belegt im Backofen gebacken und in die Suppe eingelegt werden.

Baby-Artischocken-Suppe

Zeitig im Frühjahr werden aus den mediterranen Ländern junge Artischockenköpfe mit Blättern und Stielen zu uns geliefert. Wir sollten sie für eine Suppe nützen!

8 Baby-Artischocken
1 Spritzer Zitronensaft
1 EL Gemüse- oder Rinderbouillon
Salz · weißer Pfeffer
Parmesan zum Bestreuen

Die äußeren Blätter der Baby-Artischocken, wenn sie sich zäh anfühlen, abbrechen. Die harten Spitzen rundum mit der Schere abschneiden, so daß die schöne Zapfenform erhalten bleibt. Die Stiele wie Spargel schälen und in Scheiben schneiden. Die Artischockenköpfe längs halbieren, mit Zitrone beträufeln und vorsichtig die haarigen Bärte aus der Mitte entfernen.

Köpfe und Stiele langsam in der Bouillon weich dämpfen, salzen und pfeffern und mit Parmesan bestreut servieren.

Avocadocremesuppe

2 große Avocados · Zitronensaft
$^3/_4$ l Bouillon
$^1/_8$ l trockener Weißwein
Salz · weißer Pfeffer
$^1/_8$ l süße Sahne

Die Avocados entkernen, schälen und grob schneiden. Alle Schnittstellen sofort mit Zitronensaft einstreichen oder beträufeln, weil das Fruchtfleisch sonst sehr schnell braun und unansehnlich wird.
Die Avocadostücke mit einer Gabel zerdrücken, dann mit dem Mixstab pürieren und mit so viel Bouillon und Weißwein aufgießen, daß eine dickliche Creme entsteht. Salzen und pfeffern, kurz aufkochen und zuletzt mit Sahne verfeinern.

Tip: In diesem Buch finden Sie auch eine kalte Avocadosuppe (siehe Seite 241) für heiße Sommertage.

Klare Blumenkohlsuppe mit Lauch

400 g Blumenkohl
1 kleine Möhre
1/2 Stange Lauch
1 l Gemüse- oder Knochenbouillon
evtl. etwas Salz
1 Prise Basilikum
schwarzer Pfeffer aus der Mühle

Die Gemüse vorbereiten: Vom Blumenkohl die kleinen Röschen abschneiden, die Strünke schälen und in dünne Scheiben schneiden. Die Möhre in dünne Stifte, den Lauch in feine Ringe schneiden.

Die Gemüse- oder Knochenbouillon erhitzen, den Blumenkohl dazugeben und leicht köcheln lassen. Nach etwa zehn Minuten kommen die Möhrenstifte dazu und, sobald der Blumenkohl weich geworden ist, auch die Lauchringe. Eventuell salzen, mit Basilikum und schwarzem Pfeffer würzen.

Blumenkohlcremesuppe

1 Blumenkohl von etwa 400 g

1 mittelgroße Zwiebel

1 EL Butter · 1 EL Mehl

1 l Gemüse- oder Rinderbouillon

¼ l Milch · Salz · weißer Pfeffer

1 Prise Basilikum

3 EL grob gehackte Petersilienblätter

etwas Zitronensaft

Den Blumenkohl in kleine Röschen zerteilen, die Stiele in Kreuzform einschneiden, die groben Teile schälen und in feine Scheiben schneiden.

Die klein gehackte Zwiebel in Butter anschwitzen, Mehl dazugeben und rösten, danach mit kalter Bouillon aufgießen und kochen. Den Blumenkohl in den Topf geben und 15–20 Minuten leicht köcheln lassen. Dann einige kleine Blumenkohlröschen herausheben und beiseite legen.

Sobald alle Gemüsestücke weich sind, den Topf vom Herd nehmen und die Suppe mit dem Pürierstab schaumig aufrühren. Danach wieder erhitzen, die kalte Milch dazugießen, salzen, pfeffern und mit Basilikum würzen. Die Petersilienblätter einstreuen und die Suppe nochmals kurz aufkochen. Zum Schluß die Blumenkohlröschen dazugeben. Je nach Geschmack mit ein wenig Zitronensaft säuern.

Serbische Bohnensuppe

200 g getrocknete Bohnen

1 l Wasser, Gemüse- oder Knochenbouillon

2 mittelgroße Zwiebeln

50 g Räucherspeck · 3 EL Öl

1 EL Paprikapulver (mittelscharf)

1 EL Weinessig

1 EL Tomatenmark · 50 g Maiskörner

1 kleine Peperoni (evtl. eingelegt) oder
1 getrocknete Chilischote

3 Frühlingszwiebeln

evtl. 4 EL saure Sahne

Die Bohnen entweder in Wasser oder in der kalten Bouillon über Nacht einweichen, nachdem sie gut gewaschen wurden. In diesem Sud werden sie auch weich gekocht. (Falls Bohnen aus der Dose verwendet werden, genügt es, diese mit Gemüse- oder Knochenbouillon aufzugießen.)

Eine der Zwiebeln fein hacken und mit dem Räucherspeck in Öl hellbraun rösten. Die zweite Zwiebel grob hacken und in Öl nur glasig dünsten. Die Zwiebeln mit Paprikapulver bestreuen, nochmals kurz rösten und mit Essig ablöschen. Dann das Tomatenmark dazugeben und sogleich mit dem Bohnensud oder der Bouillon aufgießen. Das Ganze gut durchrühren und mit den Maiskörnern noch etwa zehn Minuten köcheln lassen. Dann die Bohnen hinzufügen, in den letzten zwei Minuten die klein geschnittene Peperoni oder die in Streifen geschnittene Chilischote und die in Streifen geschnittenen Frühlingszwiebeln dazugeben. Auf jede Portion Suppe kommt nach Belieben ein Eßlöffel saure Sahne.

Italienische Brokkolisuppe

(siehe Foto Seite 69)

350 g Brokkoli

1 l Rinderbouillon · 2 Ecken Schmelzkäse

1 Knoblauchzehe

Salz · Pfeffer

1 Spritzer Sherry oder Weißwein

Die Brokkoliköpfe abtrennen und an den Schnittstellen kreuzweise einschneiden, damit die härteren Teile gleichzeitig weich werden. Die Stiele schälen und in einen Zentimeter große Stücke schneiden. Brokkoli in der Bouillon weich kochen und danach abseihen. Den Kochsud auffangen. In wenig Bouillon den Schmelzkäse zergehen lassen und unter standigem Rühren den Brokkoli-Kochsud zugießen, bis eine gute Bindung entsteht.

Gekochten Brokkoli und fein gehackten Knoblauch dazugeben, die Suppe nochmals erhitzen und mit Salz und Pfeffer sowie Sherry oder Wein abschmecken.

Schweizer Erbsensuppe mit Selchrippchen

200 g gelbe Erbsen
250 g Selchrippchen oder Zunge
1 l Wasser, Knochenbouillon oder Selchsuppe
1 Zwiebel · 2 EL Butter
Schwarzbrotwürfel · evtl. etwas Pfeffer
evtl. etwas Salz

Die Erbsen über Nacht in Wasser einweichen, gut waschen und abseihen.
Selchrippchen oder Zunge mit kaltem Wasser, Bouillon oder Selchsuppe in einem Topf etwa eine Stunde köcheln lassen. Die eingeweichten Erbsen dazugeben und eineinhalb bis zwei Stunden sanft köcheln, dabei oft umrühren, bis das Fleisch weich ist und die Erbsen fast zerkocht sind.
Vor dem Anrichten folgende Einlage zubereiten: Gewürfelte Zwiebel in Butter goldgelb rösten, die Brotwürfel untermischen, rundum anbraten und in die fertige Suppe geben. Eventuell noch etwas pfeffern. Vom Salzgehalt des Fleisches hängt es ab, ob ein Nachsalzen nötig ist.

Suppe aus jungen Erbsen

6 Schalotten · 2 EL Butter
2 EL Mehl
1 l Rinderbouillon
300 g frische junge Erbsen (oder 250 g tiefgekühlte)
Salz · Pfeffer
Zitronensaft · 1/8 l süße Sahne
50 g Schinken

Die Schalotten in Butter glasig dünsten, mit Mehl bestäuben, kurz rösten und mit der Bouillon aufgießen. Die Suppe zum Köcheln bringen, die Erbsen dazugeben und auf kleiner Flamme weich dämpfen.
Die Erbsen in der Suppe mit dem Pürierstab fein mixen, mit Salz, Pfeffer und einem Spritzer Zitronensaft würzen und mit Sahne abschmecken. Die Suppe mit in feine Streifen geschnittenem Schinken servieren.

Erbsenpüreesuppe

200 g getrocknete Erbsen (Spalterbsen)
3/4 l Bouillon · 1 Lorbeerblatt · 1 TL Zucker
1 Prise Thymian · 1 mittelgroße Zwiebel · evtl. Wurzelgemüse
2 EL Butter · 1 EL Mehl · 1/4 l Milch
Salz · Pfeffer · geröstete Schwarzbrotwürfel
Bohnenkraut zum Bestreuen
4 EL saure Sahne

Die Erbsen über Nacht einweichen, abseihen und abtropfen lassen. Danach in der kalten Bouillon zusammen mit Lorbeerblatt, wenig Zucker und Thymian weich kochen. Die Erbsen vom Herd nehmen, abkühlen lassen und mit dem Mixstab fein pürieren.
Die Zwiebel und eventuell in Würfel geschnittene Wurzelgemüse in Butter anrösten, mit Mehl bestäuben, die Erbsen zugießen und zehn Minuten kochen. Dann nochmals mixen. Schließlich mit Milch verrühren, salzen, pfeffern und noch etwas kalte Butter einrühren. Als Einlage eignen sich geröstete Schwarzbrotwürfel.
Die Suppe vor dem Servieren mit Bohnenkraut bestreuen und mit je einem Eßlöffel saurer Sahne garnieren.

Variation mit Räucherspeck

Dieses Erbsenpüree schmeckt besonders gut, wenn man 100 Gramm fetten Räucherspeck in kleine Würfel schneidet, in einer Pfanne ausläßt und goldbraun röstet. Die Pfanne neigen, die Hälfte des Fettes abschöpfen und die Speckwürfel mit dem restlichen Fett ganz heiß über die Suppe gießen.

Fenchelcremesuppe

(siehe Foto Seite 33)

2 Fenchelknollen (etwa 300 g)
2 Frühlingszwiebeln
2 EL Butter · 1 EL Mehl
$^1/_{16}$ l Weißwein · $^1/_2$ l Rinderbouillon
$^1/_4$ l süße oder saure Sahne
gekochte Wachteleier oder Hühnereier und Fenchelblätter als Einlage

Das Grüne vom Fenchel abzupfen, die Knolle in hauchdünne Scheiben schneiden. Falls der Strunk hart ist, diesen entfernen. Die fein gehackten Frühlingszwiebeln in etwas Butter kurz andünsten, die Fenchelscheiben dazugeben und gut rösten. Dann mit Mehl bestäuben, mit Wein ablöschen und die Bouillon zugießen. Die Suppe köcheln lassen, bis der Fenchel weich ist, dann pürieren.

Süße oder saure Sahne einrühren, die Suppe nochmals erhitzen, aufschlagen und mit den Eiern und den gehackten Fenchelblättern als Einlage servieren.

Altwiener Fisolensuppe

(siehe Foto Seite 51)

300 g Fisolen (grüne Bohnen)

100 g Suppengrün nach Belieben

1 kleine Zwiebel

50 g Schinken · 1 l Rinderbouillon

1 EL Butter · 2 EL Mehl

$^1/_8$ l saure Sahne

Salz · Pfeffer · 2 EL Dill

Die in zwei Zentimeter lange Stücke geschnittenen Fisolen (grünen Bohnen), das klein gehackte Suppengrün und die fein gewürfelte Zwiebel mit dem in Streifen geschnittenen Schinken in wenig Bouillon langsam weich kochen. Dann die Butter dazugeben und die Suppe mit dem Rest der Bouillon aufgießen.

Mehl mit saurer Sahne verquirlen, unter Rühren in die Suppe gießen, diese mit Salz und weißem Pfeffer abschmecken. Zuletzt den fein gehackten Dill einstreuen.

Bayerische Kartoffelsuppe

200 g Rindfleisch oder Kalbfleisch von der Schulter

1 l Rinderbouillon

3 große Kartoffeln · 2 EL Butter

2 EL Mehl · 1 EL gehackte Petersilie

1 EL Kerbel · wenig Muskatnuß

1 Bratwurst

Salz · Pfeffer

Das Fleisch in Würfel schneiden und in der Bouillon langsam weich kochen, danach aus dem Topf heben und beiseite stellen. In demselben Sud die in Würfel geschnittenen Kartoffeln weich dämpfen und abkühlen lassen.

Aus Butter und Mehl eine helle Mehlschwitze bereiten, Petersilie und Kerbel einstreuen, ein wenig geriebene Muskatnuß darüberstreuen, dann mit dem Kochsud aufgießen und noch etwa zehn Minuten leicht köcheln lassen, mit Salz und weißem Pfeffer abschmecken.

Die Bratwurst in feine Scheiben schneiden und zuletzt mit den Fleischstücken in die Suppe geben.

Altwiener Kartoffelsuppe

(siehe Foto Seite 123)

400 g Kartoffeln · ½ Knolle Sellerie

1 Möhre · 1 l Bouillon

1 Zwiebel · 100 g Räucherspeck

3 EL Butter · 1 Prise Kümmel

2 EL gehackte Petersilie

1 Prise Majoran · 1 Knoblauchzehe

2 EL Weizenmehl · Salz · Pfeffer

Kartoffeln und Sellerie in Würfel, Möhre in feine Scheiben schneiden, das Gemüse mit der kalten Bouillon in einen Topf geben und weich kochen.
Zwiebel und in Würfel geschnittenen Räucherspeck in Butter anrösten, Kümmel, Petersilie, Majoran und gehackten Knoblauch dazugeben und das Ganze mit Mehl bestäuben. Gut rösten, mit der abgekühlten Suppe übergießen und noch etwa 20 Minuten köcheln lassen. Mit Salz und weißem Pfeffer abschmecken.

Variation mit Essiggurke

Ein altes Rezept empfiehlt, in der Kartoffelsuppe eine hauchdünn geschnittene oder in kleine Stücke gehackte Essiggurke mitzukochen.

Französische Kartoffelsuppe

4 große Kartoffeln · 1/2 l Gemüsebouillon
3 EL Butter · 2 EL Mehl
1/2 l Milch · Salz · Pfeffer · 1 Prise Majoran
evtl. 1 Stück Butter · 1 hart gekochtes Ei
geröstete Brotscheiben

Die geschälten Kartoffeln in grobe Stücke schneiden und in der Gemüsebouillon weich kochen, dann abkühlen lassen.
Aus Butter und Mehl eine helle Mehlschwitze bereiten, mit kalter Milch aufgießen und etwa 15 Minuten leicht köcheln lassen. Die Kartoffeln pürieren, die Mehlschwitze dazugießen, alles wieder erhitzen und mit Salz, Pfeffer und Majoran abschmecken.
Zuletzt eventuell noch ein Stück kalte Butter einrühren und die Suppe mit den in Scheiben geschnittenen harten Eiern garniert und den gerösteten Brotscheiben servieren.

Kartoffelsuppe mit Steinpilzen

1 Handvoll getrocknete Steinpilze

1 EL Weinessig · 4 Schalotten

2 EL Butter

300 g Möhren, in Würfel geschnitten

nach Belieben klein geschnittener Knollensellerie und Petersilienwurzel

1 EL Mehl

1 l Rinder- oder Gemüsebouillon

3 große Kartoffeln

Salz · Pfeffer

evtl. 2 EL saure Sahne

Die Steinpilze in wenig Wasser und Essig über Nacht einweichen, dann in Streifen schneiden.
Fein geschnittene Schalotten in der aufschäumenden Butter glasig dünsten, die Wurzelgemüse dazugeben und rösten, bis sie goldbraune Farbe annehmen. Mit Mehl bestäuben, durchrühren und mit kalter Bouillon aufgießen. Die Suppe zum Kochen bringen und die gewürfelten Kartoffeln sowie die eingeweichten Steinpilze sanft darin köcheln lassen, bis die Kartoffeln gar sind.
Mit Salz und Pfeffer abschmecken, eventuell saure Sahne unterziehen und die Suppe servieren.

Einfache Knoblauchsuppe

3 Knoblauchzehen
1 Prise Salz · 5 Schalotten
1 EL Butter
2 EL gehackte Petersilie · 1 l Consommé
weißer Pfeffer
Croûtons als Einlage

Die Knoblauchzehen durch die Presse passieren oder fein hacken und mit wenig Salz zerdrücken. Schalotten klein hacken, in der Butter andünsten, Knoblauch und gehackte Petersilie dazugeben, kurz rösten und sogleich mit kalter Consommé aufgießen.
Die Suppe etwa fünf Minuten sanft köcheln lassen und mit Pfeffer abschmecken (Salz wird nicht mehr vonnöten sein). Mit beliebigen Croûtons anrichten.

Tip: Vorsicht – Knoblauch wird bitter, wenn man ihn zu stark erhitzt.

Gebundene Knoblauchsuppe

(siehe Foto Seite 181)

4 Schalotten oder eine kleine Zwiebel

2 EL Butter

6 Knoblauchzehen

3 EL Mehl

$^{3}/_{4}$ l Rinderbouillon · $^{1}/_{8}$ l süße Sahne

3 Eigelb

Zuerst fein gehackte Schalotten oder Zwiebel in Butter ein wenig rösten, dann die Hitze zurücknehmen und den gepreßten Knoblauch dazugeben. Mit Mehl bestäuben, gut durchrühren und mit kalter Bouillon aufgießen.

15 Minuten sanft kochen lassen, danach mit dem Mixstab pürieren. Die Suppe wieder erhitzen und zuletzt mit dem in süßer Sahne verquirlten Eigelb legieren.

Knoblauch- und Zwiebelbrot als Suppeneinlage

Welches Brot wofür?

Man könnte sagen: Zwiebelbrot für Zwiebelsuppen, Knoblauchbrot für Knoblauchsuppen. Es geht aber auch umgekehrt. Probieren Sie es aus! Diese knusprigen Brotscheiben sind auch für andere Gemüsesuppen gut geeignet.

Für Zwiebelbrot Baguetteschnitten entweder toasten, im Backofen hellbraun backen oder in einer Pfanne mit wenig Butter bei kleiner Hitze auf beiden Seiten rösten, danach abkühlen und trocknen lassen. Fein gehackte Schalotten oder Frühlingszwiebeln zusammen mit fein gehacktem Kerbel, Petersilie oder Estragon in schäumender Butter dünsten, wenig salzen. Die Baguettes mit dieser Mischung bestreichen und bei 250 Grad überbacken. Für Knoblauchbrot wenige Schalotten und gepreßten oder gehackten Knoblauch leicht in Butter rösten, Petersilie und Kerbel einstreuen, salzen, pfeffern und wie oben die gerösteten Baguetteschnitten damit bestreichen, kurz im Backofen backen.

Kohlrabisuppe

Kohlrabi in der Suppe schmecken nur, solange sie – im Spätfrühling oder Frühsommer – ganz jung und zart sind.

3 große Kohlrabi mit den Blättern

1 EL Butter

1 l Gemüse- oder Knochenbouillon

Salz · Pfeffer

etwas fein gehacktes Bohnenkraut

Fleischklößchen (siehe Seite 53) und fein gehackter Kerbel als Einlage

Die jungen Blätter der Kohlrabi waschen und in feine Streifen schneiden, die Knollen schälen, den unter Umständen holzigen unteren Teil entfernen und die Knollen erst in Scheiben, dann in feine Streifen schneiden. Die zarten Blätter in der Butter schwenken, die Kohlrabistreifen dazugeben und gut rösten, mit der Bouillon aufgießen und weich kochen. Gut salzen, reichlich pfeffern, mit Bohnenkraut würzen.
Als Einlage empfehlen sich Fleischklößchen, die mit reichlich fein gehacktem Kerbel bestreut werden.

Kohlrabicremesuppe

3 große Kohlrabi mit den Blättern

grob gehackte Petersilienblätter

2 EL Butter · 1 kleine Zwiebel

2 EL Mehl · 1/2 l Gemüse- oder Rinderbouillon

1/4 l Milch · 1/8 l saure Sahne

Salz · Pfeffer

Die in Streifen geschnittenen Kohlrabiblätter mit den Petersilienblättern in wenig Butter anschwitzen, aus der Pfanne heben, abtropfen lassen und zur späteren Garnierung beiseite stellen. Die Zwiebel in der Butter goldgelb rösten, die in Streifen geschnittenen Kohlrabiknollen dazugeben, ebenfalls gut rösten und mit Mehl bestäuben. Mit kalter Bouillon aufgießen, gut durchrühren und weich kochen.

Die Suppe mit den Gemüsen durch ein Sieb streichen oder pürieren, mit Milch aufgießen, nochmals aufkochen und mit saurer Sahne verschlagen. Salzen und pfeffern, obenauf die in Butter gedämpften Kohlrabi- und Petersilienblätter geben.

Kürbissuppe

1–2 weichschalige junge grüne Sommerkürbisse (400–500 g) oder Zucchini
3 EL Butter · 2 Knoblauchzehen
1 Zwiebel
½ l Knochen- oder Rinderbouillon
Salz · Pfeffer
gemahlener Kümmel
⅛ l süße oder saure Sahne
gehackter Dill
einige Kürbiskerne

Kürbisse halbieren, entkernen und mit der Schale in grobe Stücke schneiden. Butter aufschäumen, die fein geschnittene Zwiebel und den Knoblauch kurz darin anlaufen lassen, die Kürbisstücke dazugeben und zugedeckt weich dämpfen, eventuell mit ein wenig Bouillon aufgießen.
Mit Salz, Kümmel und weißem Pfeffer abschmecken, danach mit dem Mixer pürieren. Den Rest der Bouillon dazugießen, die Suppe nochmals auf den Herd stellen und zuletzt mit süßer oder saurer Sahne verfeinern.
Mit gehacktem Dill und gerösteten Kürbiskernen bestreut servieren.

Marokkanische Kürbissuppe

250 g junger Kürbis

1 große Zwiebel · 2 EL Butter

1 l Gemüse- oder Rinderbouillon

1 Knoblauchzehe

50 g vorgekochte weiße Bohnen

50 g Spaghettini (dünne Spaghetti) oder Fadennudeln

einige Kürbiskerne

Den Kürbis schälen, entkernen und das Fleisch in kleine Würfel schneiden. Die gehackte Zwiebel in Butter goldbraun rösten, ein wenig Bouillon dazugießen, gehackten Knoblauch einstreuen und gut aufkochen.
Dann die Kürbiswürfel zugeben und etwa 15 Minuten köcheln lassen, bis sie weich sind. Weitere fünf Minuten die vorgekochten Bohnen mitgaren, dann die Suppe durch ein Sieb streichen oder im Mixer pürieren. Wieder erhitzen, mit dem Rest der Bouillon aufgießen und die Nudeln in der Suppe weich kochen.
Die Kürbissuppe mit gerösteten Kürbiskernen bestreut servieren.

Ungarische Krautsuppe

2 kleine Zwiebeln

3 EL Butter

1 kleiner, frischer Kopf Kraut (Weißkohl)

1 EL Paprikapulver

1 Prise Kümmel · Pfeffer

1 l Bouillon · Salz · etwas Essig

1 TL Zucker

1 EL Mehl · 4 EL saure Sahne

Eine der Zwiebeln fein hacken, in zwei Eßlöffel Butter anlaufen lassen, fein geschnittenes oder gehobeltes Kraut (Weißkohl), Paprikapulver, Kümmel und Pfeffer dazugeben und mit Bouillon aufgießen, so daß das Gemüse bedeckt ist. Dann weich kochen und erst jetzt salzen und etwas Essig sowie Zucker dazugeben.

Die restliche Butter erhitzen, die zweite klein gehackte Zwiebel darin anrösten, das Mehl einstreuen und hell anschwitzen. Mit dem Rest der kalten Suppe aufgießen, zum Kraut geben und nochmals gut durchkochen. Auf jede Portion Suppe einen Eßlöffel saure Sahne geben und servieren.

Linsensuppe

200 g Linsen · 1 l Bouillon
1 Lorbeerblatt · 1 Prise Thymian
Pfeffer · Salz
1 große Zwiebel · 50 g Räucherspeck
2 EL Butter · 1 Möhre
1 EL glattes Mehl · 1 TL Senf
4 EL saure Milch oder saure Sahne
1 EL Zitronensaft
1 EL Essig · 1 TL Zucker

Die über Nacht eingeweichten und abgegossenen Linsen in der Bouillon mit Lorbeer, Thymian, Pfeffer und Salz weich kochen.

Die fein gehackte Zwiebel und den in Würfel geschnittenen Speck in Butter goldbraun anrösten, die in ganz kleine Würfel geschnittene Möhre dazugeben und zugedeckt zehn Minuten dämpfen, dabei oft umrühren. Mehl in Senf und saurer Milch oder saurer Sahne verquirlen, mit dem Zwiebel-Speck-Gemisch verrühren und zu den Linsen geben. Noch etwa zehn Minuten leicht köcheln lassen, dann mit Zitronensaft, Essig und Zucker abschmecken.

Maissuppe

(siehe Foto Seite 199)

Dies ist ein vom Autor weiterentwickeltes Rezept, das er in seinen Ursprüngen im mittleren Westen der USA und in China kennengelernt hat.

300 g frischer Süßmais (außerhalb der Saison auch aus der Dose)

$^1/_2$ l Bouillon · $^3/_8$ l Milch · Salz · Pfeffer

1 $^1/_2$ EL Maisstärke, in wenig Milch aufgelöst oder $^1/_8$ l süße Sahne und 3 Eigelb

Die Maiskörner mit einem scharfen Messer rundum von den Kolben abschneiden (oder aus der Dose gießen). Die Hälfte davon mit dem Mixstab pürieren, die andere Hälfte nur mit einer Gabel grob zerdrücken.
Die Bouillon erhitzen, den Mais einrühren und so lange köcheln, bis die Körner weich sind und das Püree möglichst viel Geschmack an die Suppe abgegeben hat. Mit Milch aufgießen, mit Salz und weißem Pfeffer würzen, dann mit Maisstärke oder der Mischung aus süßer Sahne und Eigelb legieren.

Suppe aus Babymais

Wenn die Zeit der ganz jungen Maiskolben gekommen ist, kann nach dem obigen Prinzip ebenfalls eine vorzügliche Suppe hergestellt werden. Die zarten Spitzen vom Babymais in dünne Scheiben schneiden, vorerst beiseite legen. Die gröberen Teile in der Bouillon weich kochen, mit dem Mixstab pürieren, die Suppe wieder erhitzen und darin die Babymais-Rädchen dämpfen. Zum Schluß Milch dazugießen, würzen und wie eben beschrieben legieren.

Paprikacremesuppe

6 Paprikaschoten (rot, grün oder gelb, auch gemischt)
1 große Zwiebel · 3 EL Butter
2 Knoblauchzehen
1 TL mildes Paprikapulver
1 Prise Cayennepfeffer · Salz · Pfeffer
$^1/_8$ l trockener Weißwein · 1 l Bouillon
in Öl gebratene Paprikastücke oder Zucchinischeiben als Einlage
$^1/_8$ l süße Sahne

Von den Paprikaschoten Stiele, Strünke und Kerne entfernen und das Fruchtfleisch in kleine Würfel schneiden. Die fein gehackte Zwiebel in der aufgeschäumten Butter glasig dünsten, Paprikastücke und passierten Knoblauch miträsten und zugedeckt simmern lassen, bis die Flüssigkeit verdampft ist. Paprikapulver, Cayennepfeffer, Salz und schwarzen Pfeffer einstreuen, mit Weißwein ablöschen, Bouillon zugießen und etwa 20 Minuten köcheln lassen.
Unterdessen die Paprikastücke oder Zucchinischeiben für die Einlage rundum in Öl braun anbraten (Deckel auf die Pfanne legen, damit es nicht spritzt) und warm stellen.
Die Suppe vom Herd nehmen, mit dem Mixstab pürieren und nach und noch die süße Sahne eingießen, bis eine schaumige Konsistenz entsteht. Mit den Gemüseeinlagen servieren.

Rosenkohlsuppe

250 g Rosenkohl
3/4 l Rinderbouillon
1 Prise Basilikum
wenig Salz
reichlich schwarzer Pfeffer

Die Kohlröschen putzen und am Stielansatz kreuzweise tief einschneiden, damit sie gleichmäßig weich werden.
Die Bouillon aufkochen, Rosenkohl dazugeben und langsam weich kochen. Mit Basilikum und schwarzem Pfeffer würzen, eventuell mit Salz abschmecken.

Rosenkohlcremesuppe

300 g Rosenkohl · ¾ l Rinder- oder Gemüsebouillon

1 Prise Kümmel (oder Kümmelpulver)

5 Schalotten · 2 EL Butter · 1 Knoblauchzehe · 3 EL Mehl

Salz · schwarzer Pfeffer

Rosenkohl putzen, an den Stielen einschneiden, in Hälften schneiden und in gerade soviel Bouillon weich dämpfen, daß die Röschen bedeckt sind. Etwas Kümmel dazugeben, sobald die Rosenkohlhälften weich sind, acht davon herausheben und später als Suppeneinlage verwenden.
Schalotten in der Butter glasig dünsten, fein gehackten Knoblauch dazugeben und mit Mehl bestäuben. Kurz durchrösten und mit dem Rest der kalten Bouillon aufgießen. Alles aufkochen, etwa 20 Minuten sanft köcheln, dann zu dem gekochten Rosenkohl gießen und schließlich die Suppe mit dem Mixstab fein pürieren. Danach noch einmal aufkochen, salzen und pfeffern. Die aufgehobenen Rosenkohlhälften in Tassen verteilen und mit der Suppe übergießen.

Tip: Zur Verfeinerung eventuell einen Eßlöffel kalte Butter in der Suppe verrühren.

Rosenkohlsuppe mit Speck

Diese Suppe wird genauso zubereitet wie die »Rosenkohlcremesuppe«, zusätzlich aber noch 50 Gramm fetten Räucherspeck in Würfel schneiden, in einer weiten Pfanne auslassen und einen Teil des Fettes abschöpfen. Darin die Rosenkohlhälften kurz anrösten, bis sie an den Rändern braune Farbe zeigen, und zusammen mit dem Speck in der Bouillon weich ziehen lassen.

Schwarzwurzelsuppe

Die köstliche Schwarzwurzel, die im Herbst reif wird, ist ein herrlicher Ersatz für Spargel in der spargellosen Zeit. Die Suppe wird auch beinahe ebenso zubereitet, man kann die gleichen Suppeneinlagen darin servieren.

300 g Schwarzwurzeln · Essigwasser

1 EL Butter · 1 kleine Zwiebel

$^{1}/_{2}$ l Rinderbouillon · $^{1}/_{4}$ l Milch

$^{1}/_{8}$ l süße Sahne · 3 Eigelb

Salz · weißer Pfeffer

gehackte Petersilie zum Bestreuen

Die Schwarzwurzeln schälen und sofort in Essigwasser legen, damit sie sich nicht verfärben. Die Hälfte davon in einen Zentimeter dicke Scheiben schneiden und zusammen mit der Zwiebel in Butter andünsten, bis sie leicht Farbe annehmen. Mit der Bouillon aufgießen und weich kochen, danach die Suppe mit dem Mixstab pürieren.

Schließlich wieder auf den Herd stellen und die zweite Hälfte der Schwarzwurzeln, die in etwa zwei Zentimeter große Stücke geschnitten wurden, in der Suppe weich köcheln, salzen und pfeffern.

Mit Milch aufgießen und zuletzt mit dem mit süßer Sahne geschlagenen Eigelb legieren. Mit Petersilie bestreut und Einlagen nach Wahl servieren.

Tip: Eine leichtere Bindung erzielt man, wenn man süße Sahne und Eigelb wegläßt und statt dessen zwei Eßlöffel Maisstärke, die in etwas kalter Milch verquirlt werden, verwendet. Hierfür die Suppe noch einmal kurz aufkochen.

Selleriecremesuppe mit Schinken

1 große Knolle Sellerie

Saft von ½ Zitrone

Salz · Pfeffer

1 l Gemüse- oder Rinderbouillon

2 EL Butter

2 EL Mehl · Sellerieblätter

50 g Schinken

Sellerie schälen, in Streifen schneiden, mit Zitronensaft, Salz und weißem Pfeffer würzen, gut durchmischen und im Kühlschrank etwas marinieren. Die Bouillon erhitzen, Sellerie darin weich kochen und mit dem Stabmixer pürieren.

Aus Butter und Mehl eine helle Mehlschwitze bereiten und die Suppe damit binden. Noch zehn Minuten kochen, dann mit gehackten Sellerieblättern und Schinkenstreifen garniert servieren.

Luxus-Spargelcremesuppe

Wenn im April und Mai die Spargelzeit ausbricht, sind Suppenfreunde kaum noch zu halten. Der Autor selbst hat viel mit diesem edlen Gemüse experimentiert und verrät hier zwei seiner besten Rezepte.
Sein Geheimnis: Wann immer Spargelessen stattfinden, wird zum Garen des Spargels statt Wasser Rinderbouillon verwendet, der verbliebene Sud im Kühlschrank aufbewahrt und immer wieder für das Weichdämpfen von Spargelköpfen verwendet. Was schließlich übrigbleibt, bildet bei der letzten »Spargel-Orgie« die Basis für »die Suppe schlechthin«.
Weißer und grüner Spargel ist gleichermaßen geeignet, und eine Mischung davon ist eine kulinarische Köstlichkeit.
Noch ein wichtiger Tip! Die unteren, oft etwas holzigen Drittel der Spargelstangen abschneiden, schälen und im Kühlschrank in mit Zitronensaft gesäuertem Wasser für die Suppe aufheben.

300 g frischer Spargel (halb weiß, halb grün)
200 g aufbewahrte Enden der Spargelstangen
3/4 l Spargelsud (wie oben beschrieben)
1 Prise Zucker · 1 1/2 EL Maisstärke
1/8 l Milch · Salz · weißer Pfeffer
4 Eigelb · 1/4 l süße Sahne
Schlagsahne, geröstete Weißbrotwürfel oder Petersilie zum Garnieren

Den weißen Spargel schälen, das untere Drittel abschneiden. Vom grünen Spargel nur die untere Hälfte dünn abschälen, ebenfalls ein Drittel als Suppeneinlage beiseite legen. Zusammen mit den (im Kühlschrank in Zitronensaft) aufbewahrten

Stücken in knapp einen Zentimeter dicke Scheiben schneiden und kalt stellen.
Im kochenden Spargelsud zuerst den weißen Spargel (wegen der längeren Kochzeit) fünf Minuten kochen, dann den grünen dazugeben und köcheln lassen, bis sich der Spargel mit der Gabel anstechen läßt. Aus dem Sud heben, abgetropft in etwa drei Zentimeter lange Stücke schneiden und warm stellen. Falls die Köpfe sehr groß sind, diese der Länge nach in zwei Hälften teilen.
Den Spargelsud wieder erhitzen, etwas zuckern, die in Milch aufgelöste Maisstärke dazugießen, aufkochen und die in Scheiben geschnittenen unteren Drittel der Spargelstangen darin köcheln, bis sie weich sind. Mit Salz und weißem Pfeffer abschmecken.
Eigelb mit Sahne verquirlen und mit dem Schneebesen in die Suppe rühren. Die großen Spargelstücke auf die Portionsschalen aufteilen, mit der heißen Suppe übergießen und mit je einem Eßlöffel Schlagsahne, in Butter gerösteten Weißbrotwürfeln oder gehackter Petersilie garnieren.

Einfache Spargelsuppe

500 g Spargel

$^1/_2$ l Gemüse- oder Knochenbouillon · Salz

weißer Pfeffer · 1 Prise Zucker

etwas Zitronensaft · 2 EL Maisstärke · $^1/_4$ l Milch

$^1/_8$ l süße Sahne · evtl. 1 kleines Stück Butter

Den Spargel schälen, die unteren Drittel der Spargelstangen klein hacken, den Rest in zwei Zentimeter lange Stücke schneiden und beiseite legen. Die Schalen aufbewahren. Die oft holzigen, gehackten Teile und die Schalen in Gemüse- oder Knochenbouillon etwa 30 Minuten kochen, etwas Salz, Pfeffer, Zucker und Zitronensaft dazugeben, zusätzlich ein wenig Milch nimmt den Schalen die Bitterkeit. Den Kochsud abseihen, die Spargelteile und Schalen im Sieb gut ausdrücken und wegwerfen.

Die Kochflüssigkeit erhitzen und darin die Spargelstücke halb weich dämpfen, die Maisstärke in der Milch auflösen, zur Suppe gießen und fest verquirlen, dann noch zehn Minuten kochen. Zuletzt die Sahne unterrühren und die Suppe eventuell mit einem kleinen Stück kalter Butter verfeinern.

Variation mit Mehlschwitze

Alte Rezeptbücher geben uns folgenden Spargel-Rat: Die Gemüsestücke wie oben weich kochen, dann aber eine Mehlschwitze aus zwei Eßlöffel Butter und drei Eßlöffel Mehl zubereiten und mit $^1/_4$ Liter kalter Milch aufgießen. Damit die Spargelsuppe binden, eventuell noch ein wenig Sahne mit dem Schneebesen unterrühren

Spinatcremesuppe

250 g Blattspinat (evtl. auch tiefgefroren)
1 l Gemüse- oder Knochenbouillon
2 EL Butter · 2 EL Mehl · Salz · Pfeffer
$^{1}/_{8}$ l süße oder saure Sahne · 2 Eigelb
4 EL Schlagsahne oder saure Sahne zum Garnieren

Blattspinat von den Stielen befreien, die Blätter in wenig Gemüse- oder Knochenbouillon weich dämpfen, abseihen und den Kochsud aufbewahren. Den Spinat grob hacken (bei Tiefkühlspinat entfällt der Vorgang, weil dieser bereits vorgekocht oder sogar passiert ist).
Aus Butter und Mehl eine helle Mehlschwitze zubereiten, diese mit dem Rest der kalten Bouillon und dem Kochsud aufgießen, gut durchrühren, salzen, pfeffern und 15 Minuten leicht köcheln lassen.
Die Spinatblätter dazugeben und alles mit dem Mixstab pürieren. Die Suppe nochmals kurz aufkochen und entweder mit in süßer Sahne verschlagenem Eigelb oder – als geschmackliche Variation – mit in saurer Sahne und wenig Wasser verquirltem Eigelb legieren.
Jede Portion Spinatcremesuppe mit einem Eßlöffel Schlagsahne oder kalter saurer Sahne garnieren.

Variation mit Milch

Die Suppe wird noch cremiger, wenn man statt einem Liter Bouillon nur $^{3}/_{4}$ Liter verwendet und den Rest durch Milch ersetzt.

Schnelle Tomatensuppe

3–5 Frühlingszwiebeln · 1 EL Butter

1 l Tomatensaft

Salz · Pfeffer · 1 TL Zucker

1 Prise Origano · 1 Prise Basilikum

3 EL Kartoffelflocken oder Kartoffelpulver

1/8 l süße Sahne · Weißbrotscheiben

gehackter Kerbel

Die fein gehackten Frühlingszwiebeln in der Butter kurz andünsten, mit Tomatensaft aufgießen und etwa zehn Minuten köcheln lassen.
Salz, weißen Pfeffer und die anderen Gewürze dazugeben, die Suppe mit Kartoffelflocken oder Kartoffelpulver legieren und zuletzt die süße Sahne einrühren.
Nach Belieben mit gerösteten Weißbrotscheiben und gehacktem Kerbel bestreut servieren.

Wiener Tomatensuppe

500 g reife Tomaten

1 l Wasser, Knochen- oder Gemüsebouillon

Salz · 1 TL–1 EL Zucker

2 EL Mehl · 2 EL Butter

Pfeffer · gehackte Petersilie

geröstete Brotwürfel

evtl. 1 Stück kalte Butter

Die Tomaten in Scheiben schneiden, mit Schale und Kernen in Wasser oder Bouillon mit wenig Salz und Zucker weich kochen und passieren (eventuell auch mixen und dann durch ein Sieb streichen). Den Kochsud aufheben.
Mehl in der Butter hellgelb rösten, mit kalter Bouillon aufgießen, gut verrühren, aufkochen und dann die passierten Tomaten mit dem Sud dazugeben. Etwa zehn Minuten köcheln lassen, pfeffern und mit Petersilie und gerösteten Brotwürfeln servieren. Eventuell zum Schluß ein Stück kalte Butter einrühren.

Tip: Eine gute, sämige Bindung dieser Suppe ergibt sich, wenn man zwei Eßlöffel Kartoffelflocken oder Kartoffelpulver einstreut, gut durchrührt und mitkocht.

Römische Tomatensuppe

2 große Zwiebeln

2 EL Butter oder Öl · 1/8 l Weißwein

2 Knoblauchzehen

1 Lorbeerblatt · 1 Prise Thymian

1 Prise Majoran

Salz · Pfeffer · 1/2 l Tomatensaft

Zucker · 1/4 l saure Sahne

oder 1/8 l Crème fraîche

100 g Garnelen (tiefgefroren oder aus dem Glas) als Einlage

Die hauchdünn geschnittenen Zwiebeln in Butter oder Öl goldgelb rösten, mit Weißwein ablöschen und mit fein gehacktem Knoblauch, Lorbeer, Thymian, Majoran, Salz und Pfeffer würzen. Danach mit dem Tomatensaft übergießen und etwa 15 Minuten leicht kochen lassen.
Zuletzt die Suppe mit wenig Zucker süß-sauer abschmecken, die in etwas Wasser aufgelöste saure Sahne oder Crème fraîche mit dem Schneebesen einschlagen, nochmals aufkochen und vor dem Servieren die Garnelen einstreuen.

Tip: Als Garnierung für diese Suppe empfehlen sich kleine frische Basilikumblätter.

Zucchinicremesuppe

500 g junge Zucchini · 1 Zwiebel

3 EL Butter · $^{1}/_{8}$ l Weißwein

evtl. 2 Knoblauchzehen

$^{1}/_{2}$ l Hühner- oder Rinderbouillon

Salz · Pfeffer · 1 Prise Thymian

$^{1}/_{4}$ l süße Sahne

Zucchinischeiben · Mehl · Öl

Die Zucchini waschen und mit Schale und Kernen in Würfel schneiden. Zwiebel klein hacken und in der Butter andünsten, Zucchiniwürfel dazugeben, rundum etwas anbraten, mit Wein ablöschen und mit dem Knoblauch zugedeckt dämpfen (die Früchte geben relativ viel Saft ab).

Nach etwa zehn Minuten die Bouillon dazugießen, aufkochen und die Gemüse noch etwa fünf Minuten weich kochen. Dann mit Salz, Pfeffer und Thymian abschmecken. Mit dem Mixstab pürieren, langsam die süße Sahne dazugießen und die Suppe zu schaumiger Konsistenz aufschlagen. Zum Garnieren einige Zucchinischeiben salzen, pfeffern, rundum in Mehl wälzen und in heißem Öl goldgelb backen.

Variation der Suppeneinlage

Man kann die Zucchinischeiben auch durch einen Backteig ziehen, im Öl goldgelb braten und als Einlage verwenden.

Einfache französische Zwiebelsuppe

Es gibt kaum einen Suppenfreund, der sie nicht mag. Was über die Bouillabaisse gesagt wurde, gilt auch für die Zwiebelsuppe. In Frankreich, im Elsaß, in Lothringen und in Teilen der Schweiz hat jede Stadt ihr eigenes Zwiebelsuppen-Spezialrezept und ist stolz darauf. Geringfügige Variationen finden sich praktisch in jedem Dorf, in jedem Landgasthaus. Jeder hält »seine Zwiebelsuppe« für die allerbeste.

4 große Zwiebeln · 3 EL Butter

1 l Bouillon · Salz

weißer Pfeffer · Croûtons als Einlage

Die Zwiebeln in möglichst dünne Streifen schneiden und in der Butter unter ständigem Rühren goldbraun rösten. Mit der Bouillon aufgießen, salzen und pfeffern. Etwa 15–25 Minuten (das hängt von der jahreszeitlichen Qualität der Zwiebeln ab) kochen. Mit Croûtons nach Belieben anrichten.

Einfache oder Käse-Croûtons als Suppeneinlage

(siehe Foto Seite 181)

Es gibt eigentlich keine schlechte Zwiebelsuppe – nur ohne Einlage geht es nicht! Dafür verwenden wir je nach Lust und Laune einfache, in Butter geröstete Baguetteschnitten, Brotwürfel nature oder mit Parmesan, Schweizer Gruyère oder würzigem französischen Käse belegte. Den fein geriebenen Käse entweder über die Brotscheiben streuen oder mit diesen im Backofen goldgelb backen und in die Suppe einlegen.
Die andere Möglichkeit: Zwiebelsuppe in feuerfeste Formen füllen, geröstete Weißbrotscheiben mit Käse bestreuen, in die Suppenschalen legen und im Backofen überbacken.

Frühlingszwiebelsuppe

300 g Frühlingszwiebeln
2 EL Butter
$^3/_4$ l Rinderbouillon
Salz · schwarzer Pfeffer
Croûtons als Einlage

Die Hälfte der grünen Teile von den Frühlingszwiebeln entfernen, die weißen Teile in dünne Scheiben schneiden, getrennt davon die grünen Teile in etwas dickere Röllchen.
In der aufgeschäumten Butter zuerst die weißen Zwiebelscheiben kurz andünsten, dann die grünen Röllchen dazugeben, mit der Bouillon aufgießen und nur noch fünf Minuten köcheln lassen. Mit Salz und Pfeffer abschmecken und beliebig mit Croûtons servieren.

Zwiebelsuppe mit Blätterteighaube

Dies ist wohl eine der attraktivsten Formen von Zwiebelsuppen, die jeden Gast begeistert und mit einiger Mühe und Sorgfalt gelingen sollte.

Blätterteig, frisch oder tiefgefroren
2 Eiweiß
geriebener Parmesan oder anderer würziger Käse
³/₄ l Zwiebelsuppe, nach Belieben zubereitet

Den Teig auf ein Leinentuch legen und leicht trocknen lassen, dann vier Kreise ausschneiden, die dem Durchmesser von feuerfesten Suppenschalen entsprechen – plus drei Zentimeter.
Den Backofen auf 250 Grad vorheizen. Den Blätterteig dünn mit Eiweiß bepinseln und mit wenig Parmesan oder anderem Reibkäse bestreuen.
Die feuerfesten Suppenschalen am Rand mit Eiweiß bestreichen. Dann die abgekühlte Zwiebelsuppe in die Schalen füllen, so daß diese zu zwei Dritteln gefüllt sind. Die Teigblätter mit der Käseseite nach unten über die Suppenschalen legen und die Ränder festdrücken. Die Schalen sofort in den vorgeheizten Backofen schieben.
Zum Verständnis dieses raffinierten Vorganges: Die Teigblätter werden durch das Eiweiß am Rand der Suppenschalen festgeklebt, der Dampf der kochenden Zwiebelsuppe wölbt den Teig zu einer Haube, der Käse an der Unterseite der Teigblätter schmilzt und tropft in die Suppe.
Nach 15 Minuten den Backofen auf Oberhitze stellen, bis die Haube oben knusprig goldgelb gebacken ist.
Die Suppenschalen aus dem Ofen nehmen, mit einem scharfen

Messer ein Loch in die Haube schneiden, den Löffel durchstecken und die Suppe servieren.
Lassen Sie Ihre Gäste sich am Anblick gebührend erfreuen und warten, bis die Suppe etwas abgekühlt ist, dann wird die Haube »zerstört« und in der Zwiebelsuppe eingeweicht.

Tip: Es braucht einige Erfahrung, um mit diesem Rezept zu Rande zu kommen, aber die Attraktivität lohnt selbst mehrere Versuche.

Suppen aus der alten Landküche

Die alten Zeiten waren für die Menschen auf dem Lande und vor allem in den Bergregionen eher karg. Fast immer war Suppe das »tägliche Brot«. Sonst wurde verwendet, was es gerade im Haushalt gab: Mehl, Fett vom Rind oder Schwein, selten Butter, dann ein paar Eier, Milch und Sauermilch. Luxus waren schon Gewürze wie Pfeffer oder Kümmel. Ein Festtag aber war es, wenn einmal ein Rind oder Schwein geschlachtet werden konnte, sich die Pökeltöpfe oder die Räucherkammern füllten und man schon sehnsüchtig auf die Suppe nach dem Kochen der Blut- und Leberwürste wartete.
Viele dieser Rezepte sind überliefert und werden heute – im Zuge neuer Wege im Tourismus – wieder gepflegt. Wirte und Köche auf dem Land wollen ihre kulinarische Tradition nicht in Vergessenheit geraten lassen, führen sie zu einer neuen Renaissance und empfehlen sie ihren Gästen zum Nachvollziehen daheim.

Französische Brotsuppe

(Panade)

1 Zwiebel · 2 EL Butter

3 große Schnitten altbackenes Weißbrot

3 Scheiben Schwarzbrot

1 l Gemüse- oder Rinderbouillon

2 Eigelb

1/8 l süße Sahne

Salz · Muskat

Schnittlauch

Die fein gehackte Zwiebel in der Butter andünsten, die in Würfel geschnittenen Brotstücke dazugeben und kräftig rösten. Mit der Gemüse- oder Rinderbouillon aufgießen, zehn Minuten kochen und mit dem Mixstab pürieren. Eigelb mit Sahne verquirlen und in die erhitzte Suppe einschlagen. Diese mit Salz und Muskat würzen und mit gehacktem Schnittlauch bestreut servieren.

Schwäbische Brotsuppe

1 Zwiebel · 2 EL Butter

250 g halbtrockenes Schwarzbrot

Salz · Pfeffer

Kümmel

1 l Gemüsebouillon oder Knochensuppe

3 Eier

2 dünne, stark geräucherte Würstchen

Zwiebel in Butter andünsten, das fein geschnittene Brot dazugeben und rundum braun anrösten. Mit Salz, weißem Pfeffer und Kümmel würzen, dann mit der Gemüsebouillon oder Knochenbrühe aufgießen und etwa 20 Minuten leicht köcheln lassen.

Fest mit dem Schneebesen durchrühren und die Eier in der Suppe verquirlen. Zuletzt die in feine Scheiben geschnittenen Würstchen als Einlage in die Suppe geben.

Safran-Brotsuppe

(Französische Mourtairol)

6 große, eher altbackene Weißbrotscheiben
etwas Butter
200 g gekochte Möhren
200 g gekochtes Hühnerfleisch
$^{1}/_{2}$ TL Safran
1 l Hühnerbouillon
weißer Pfeffer

Die in Butter goldbraun gerösteten Brotscheiben in eine feuerfeste Terrine schichten, darüber die in Scheiben geschnittenen, gekochten Möhren und das gekochte Hühnerfleisch geben. Den Safran in kalter Hühnerbouillon auflösen, diese aufkochen, pfeffern und heiß in die Terrine gießen. Die Brotsuppe etwa 15 Minuten bei 200 Grad im Backofen garen.

Brotsuppe mit Zwiebeln

2 große Zwiebeln
3 EL Butter oder Öl
6 große Weißbrotscheiben, getoastet oder in Butter geröstet
100 g fein geriebener würziger Käse, z. B. Gruyère
1 l Rinderbouillon
Butterflocken
gehackter Schnittlauch oder Frühlingszwiebeln zum Garnieren
weißer Pfeffer

Die in dünne Streifen geschnittenen Zwiebeln in Butter oder Öl langsam braten, bis sie weich geworden sind und eine hellbraune Farbe angenommen haben. Die Zwiebelmasse auf die getoasteten oder gerösteten Brotscheiben streichen und in eine feuerfeste Form legen, dann mit dem geriebenen Käse bedecken.
Vom Rand her heiße Bouillon dazugießen, bis die Brotscheiben knapp bedeckt sind, und die Suppe im Backofen bei etwa 200 Grad 20 Minuten fertig garen.
Vor dem Servieren noch mit etwas geriebenem Käse, Butterflocken, gehacktem Schnittlauch oder Frühlingszwiebeln garnieren und mit Pfeffer aus der Mühle würzen.

Tip: Diese Suppe sparsam salzen, weil der würzige Käse bereits viel Salz enthält.

Zuppa Pavese

(Italienische Brotsuppe)

4 große Weißbrotscheiben

2 EL Butter · 4 Eier

Salz · Pfeffer · 1 l Rinderbouillon

Parmesan, gerieben

Die Brotscheiben auf beiden Seiten in Butter rösten, in feuerfeste Suppenschalen legen und auf jede ein Ei schlagen. Die Schalen in den vorgeheizten Backofen schieben und so lange drinnen lassen, bis das Eiweiß gestockt ist.

Salzen, pfeffern, mit der heißen Bouillon übergießen und mit Parmesan bestreut servieren.

Kümmelsuppe

1 kleine Zwiebel · 2 EL Butter

3 EL Mehl · 1 l Knochenbouillon · Salz

1 TL Kümmel oder Kümmelpulver

2 Eier

Die fein gehackte Zwiebel in Butter anschwitzen, mit Mehl bestäuben und zu kräftig brauner Farbe rösten. Mit kalter Knochenbouillon aufgießen, eventuell etwas nachsalzen, gut rühren, den Kümmel dazugeben und alles etwa 20 Minuten leicht köcheln lassen.

Die Suppe abseihen, salzen, die Eier in wenig kaltem Wasser verquirlen und mit dem Schneebesen in die nochmals aufgekochte Suppe einrühren.

Grießsuppe

2 EL Butter · 5 EL Grieß

1 l Gemüsebouillon

Salz

1 Prise Safran

gehackte Petersilie · Muskatnuß

Die Butter aufschäumen, den Grieß einstreuen und goldgelb rösten, mit der kalten Gemüsebouillon aufgießen und etwa 15 Minuten kochen lassen.
Zuletzt mit Salz und den Gewürzen abschmecken und servieren.

Variation mit anderen Grießsorten

Für diese Suppe kann als geschmackliche Variation ebensogut Vollgrieß oder Maisgrieß (Polenta) verwendet werden.

Grießsuppe mit Speck

1 kleine Zwiebel

100 g Räucherspeck

5 EL Weizen- oder Vollgrieß

2 EL gehackte Petersilie

1 l Gemüse- oder Knochenbouillon

Salz · Pfeffer

1 Prise Thymian

Die klein gehackte Zwiebel zusammen mit dem Räucherspeck in einer Pfanne auslassen. Falls der Speck sehr fett ist, die Pfanne neigen und einen Eßlöffel des ausgelassenen Fettes abschöpfen.

Dann den Grieß einstreuen und zusammen mit der gehackten Petersilie bei starker Hitze gut rösten. Mit der Bouillon aufgießen und etwa 20 Minuten köcheln lassen. Mit Salz, Pfeffer und einer Prise Thymian abschmecken.

Suppe aus drei Getreidesorten

150 g Getreide, zu gleichen Teilen, z. B. Graupen (Rollgerste), Weizen und Buchweizen
1 kleine Zwiebel
2 Möhren · 1 Stange Lauch
½ Stange Sellerie
2 EL Butter · 1 l Gemüsebouillon
Salz · Pfeffer

Das Getreide über Nacht in kaltem Wasser einweichen. Alle Gemüse fein schneiden und beiseite stellen.
Das Getreide abseihen und gut abtropfen lassen, dann in der aufschäumenden Butter leicht rösten, die Gemüse dazugeben und gut anbraten. Mit der Gemüsebouillon aufgießen und die Suppe köcheln lassen, bis die Getreidekörner weich geworden sind. Mit Salz und Pfeffer abschmecken.

Gebundene Knoblauchsuppe, überbackene Zwiebelsuppe,
Rezepte auf Seite 146 und 169

Schweizer Sammet-Suppe

3 EL Weizenmehl
$^{1}/_{8}$ l Milch oder etwas mehr
1 l Rinderbouillon
3 Eier
$^{1}/_{4}$ l saure Sahne

Mehl in der Milch dünnflüssig anrühren, die Bouillon erhitzen und die Milch-Mehl-Mischung mit dem Schneebesen einrühren. Dann die Suppe etwa 15 Minuten sanft köcheln lassen. Vor dem Servieren die Eier mit der sauren Sahne verquirlen und langsam unter ständigem Rühren in die kochende Suppe eingießen.

Haferflockensuppe

100 g Haferflocken
3 EL Butter
1 l Bouillon · Salz · Pfeffer
Muskatnuß · 2 Eigelb
$^{1}/_{8}$ l süße Sahne

Die Haferflocken in Butter sehr langsam und unter ständigem Rühren goldgelb rösten, mit der Bouillon aufgießen und 15–20 Minuten köcheln lassen.
Mit Salz, weißem Pfeffer und Muskatnuß abschmecken, Eigelb und Sahne verquirlen und damit die Suppe legieren.

Blutwurstsuppe

Wenn auf dem Bauernhof Blut- und Leberwürste gekocht wurden und diese bisweilen aufplatzten, dann ergab das am Abend eine herzhafte Suppe. Sie wurde notfalls entfettet und auf die halbe Flüssigkeitsmenge eingedämpft, als Einlage gab es Graupen (Rollgerste) und Grieß, verfeinert wurde mit saurer Sahne. Wir können dieses ländliche Original nachempfinden:

200 g Blutwurst · 1 EL Butter oder Öl

1 große Zwiebel

1 l Schweinebouillon

schwarzer Pfeffer · evtl. etwas Salz

evtl. saure Sahne

geröstetes Schwarzbrot als Beilage

Die Blutwurst enthäuten und in kleine Würfel schneiden, in Butter oder Öl zusammen mit der fein gehackten Zwiebel gut rösten. Die Pfanne neigen und das überschüssige Fett abschöpfen. Dann mit der Schweinebouillon aufgießen und 20 Minuten leicht kochen.

Von der Blutwurst hängt es ab, ob noch Salz vonnöten ist. Reichlich pfeffern und nach Belieben mit je einem Eßlöffel saurer Sahne anrichten. Dazu geröstetes Schwarzbrot servieren.

Suppen aus Milch und Käse

Das Prinzip der bäuerlichen Küche, nämlich das zu verwenden, was gerade verfügbar ist, hat zu vielen Suppenvariationen mit Milch und saurer Milch geführt, die allerdings langsam in Vergessenheit geraten. Wir wollen ihnen zu einer Renaissance verhelfen.
Ungebrochen ist nach wie vor die Beliebtheit von Käsesuppen, vor allem in der Schweiz und in Teilen Italiens.

Einfache Milchsuppe

1 l Milch · 1 kleines Stück Zimtrinde
4 EL Mehl
1 TL Zucker · Salz
3 Eigelb

Wenig Milch mit Zimtrinde aufkochen, Mehl in kalter Milch auflösen und langsam dazugießen. Mehr und mehr kalte Milch mit dem Schneebesen einrühren, zuckern und etwa 15 Minuten köcheln lassen. Salzen, dann die Suppe vom Herd nehmen und darin die Eigelbe verquirlen.
Dieses Rezept stammt übrigens aus dem vorigen Jahrhundert.

Buttermilchsuppe mit Kartoffeln

1 l Buttermilch · 2 EL Mehl
250 g Kartoffeln, in Würfel geschnitten
1 Zwiebel · 200 g Speck
Salz · Pfeffer

Die Buttermilch mit Mehl verquirlen und aufkochen, danach salzen und darin die Kartoffelwürfel weich kochen.
Zwiebel fein hacken, den Speck in Würfel schneiden und beides zusammen in einer Pfanne anbräunen. Die Kartoffel-Buttermilch-Suppe mit Salz und Pfeffer abschmecken, in Teller oder Schalen füllen, darüber die Speck-Zwiebel-Mischung geben und servieren.

Milchsuppe mit Kümmel

1 EL Butter

1 l Milch · 1 TL Kümmel

Salz · 3 EL Mehl

in Butter geröstete Schwarzbrotwürfel als Einlage

Butter aufschäumen, die Hälfte der kalten Milch dazugießen, Kümmelkörner oder gemahlenen Kümmel einstreuen, salzen und alles kurz aufkochen.
Mehl mit dem Rest der kalten Milch verquirlen, unter ständigem Rühren in den Topf gießen und noch etwa eine halbe Stunde sanft köcheln lassen. Die Milchsuppe mit in Butter gerösteten Schwarzbrotwürfeln servieren.

Schweizer Mais-Milch-Suppe

70–80 g Maisgrieß

1/4 l Milch

3/4 l Rinderbouillon

Salz · weißer Pfeffer

3 EL geriebener würziger Hartkäse

Den Maisgrieß mit lauwarmer Milch übergießen und 15 Minuten ruhen lassen, danach gut rühren. Die Bouillon erhitzen, den gequollenen Mais mit dem Schneebesen einrühren und eine halbe Stunde köcheln lassen.
Die Suppe mit Salz und weißem Pfeffer abschmecken und mit geriebenem Käse bestreut servieren.

Italienische Käsesuppe

4 dicke Scheiben altbackenes Weißbrot

2 EL Butter

1 l Rinderbouillon

1 Prise gemahlener Kümmel

Pfeffer · Salz

$^{1}/_{8}$ l süße Sahne

50–70 g Parmesan

Thymianzweige

Das Brot in kleine Würfel schneiden und in der Butter rösten, dann die Rinderbouillon dazugießen, mit Kümmel und wenig weißem Pfeffer würzen, mit Salz abschmecken und etwa 15 Minuten weich kochen.
Danach die Suppe mit dem Mixer pürieren, mit süßer Sahne legieren, kurz aufkochen und vom Herd nehmen. Zuletzt den geriebenen Käse mit dem Schneebesen unterrühren. Mit frischen Thymianzweigen garniert servieren.

Schweizer Käsesuppe

2 EL Butter · 3 EL Mehl

$^{3}/_{4}$ l Rinderbouillon

1 Prise Kümmel

geriebene Muskatnuß

1 gehackte Knoblauchzehe

Salz · Pfeffer

100 g geriebener Emmentaler oder Appenzeller

$^{1}/_{4}$ l Milch

Aus Butter und Mehl eine sehr dunkle Mehlschwitze zubereiten, mit kalter Bouillon aufgießen, Kümmel, Muskatnuß und Knoblauch dazugeben und zugedeckt etwa eine Stunde auf sehr kleiner Flamme köcheln lassen. Danach mit Salz und weißem Pfeffer abschmecken.
Den geriebenen Käse mit Milch verquirlen, in eine Terrine geben und mit der brühend heißen Suppe übergießen.
Zur Schweizer Käsesuppe frisches Weißbrot oder geröstete Weißbrotscheiben servieren.

Suppen aus Garten- und Wildkräutern

Von dem berühmten Naturforscher und Entdecker Alexander v. Humboldt (1769–1859) ist uns überliefert, daß er alljährlich im Frühjahr aus gesundheitlichen Gründen über zwei bis drei Wochen täglich eine von ihm selbst erfundene Kräutersuppe aß.

Hier ist sein Rezept: Er kochte jeweils zwei Handvoll gemischte Kräuter (die Blätter von Brennessel, Gänseblümchen, Spitz- und Breitwegerich, Schafgarbe, Vogelmiere, Kerbel, Bärlauch, Gundelrebe und Pastinake) kurz in Wasser auf, ließ eine Zwiebel in Butter glasig anlaufen, bestäubte sie mit Mehl und goß sie mit dem Kräutersud auf. Dann gab er nur noch die blanchierten Blätter und ein wenig Salz dazu.

Warum sollten wir es dem berühmten Forscher nicht gleichtun?

Bärlauchcremesuppe

Für jene, die es nicht wissen: Bärlauch ist der wilde Verwandte unseres Knoblauchs.

100 g Bärlauchblätter

$^3/_4$ l Gemüse- oder Rinderbouillon

3 Schalotten · 3 EL Butter

2 EL Mehl · Salz · Pfeffer

$^1/_8$ l süße oder evtl. auch saure Sahne

geröstete Brotwürfel

Bärlauchblätter

Die Bärlauchblätter in wenig Bouillon weich dämpfen, dann abgießen (den Kochsud aufheben). Blätter ein wenig durchhacken und zusammen mit den Schalotten in der schaumigen Butter bei kleiner Hitze dämpfen. Das Mehl einstreuen, mit kalter Bouillon aufgießen, gut rühren und kurz köcheln lassen. Den Bärlauchsud eingießen und alles mit dem Mixstab pürieren, nochmals aufkochen, salzen und pfeffern und zuletzt die süße oder saure Sahne einrühren.

Die Suppe mit gerösteten Brotwürfeln und einigen in feine Streifen geschnittenen Bärlauchblättern anrichten.

Brennesselsuppe

(siehe Foto Seite 217)

1 Schüssel voll Brennesseltriebe
3/4 l Rinderbouillon · 1 kleine Zwiebel
etwas Petersilie · 2 EL Butter
2 EL Mehl · 3/8 l Milch
Salz · Pfeffer · 1 Eigelb
in Würfel geschnittene, gekochte Kartoffeln oder geröstete Schwarzbrotschnitten als Einlage
4 EL saure Sahne

Die gut gewaschenen Brennesseln mit der heißen Bouillon übergießen, zehn Minuten kochen, dann abseihen. Den Kochsud aufheben, die Brennesseln im Mixer pürieren. Die klein gehackte Zwiebel und die Petersilie in Butter andünsten, das Mehl dazugeben und eine leichte Mehlschwitze zubereiten, mit kalter Milch aufgießen und glatt rühren.
Den Brennesselsud zugießen, 15 Minuten kochen, dann das Brennesselpüree dazugeben und nochmals kurz aufkochen.
Mit Salz und Pfeffer abschmecken. Das Eigelb mit wenig Milch verquirlen, die Suppe vom Herd nehmen und damit legieren. Die Brennesselsuppe mit der Einlage und mit je einem Eßlöffel saurer Sahne garniert servieren.

Tip: Zum Pflücken der Brennesseln unbedingt Handschuhe anziehen!

Gebackene Brennesselblätter als Suppeneinlage

125 g Mehl · ca. ¼ l helles Bier

1 Eiweiß · Salz

1 Prise Muskat · 1 TL Öl · 1 Eiweiß

20–30 große Brennesselblätter

Öl zum Backen

Das Mehl mit Bier, Eigelb, Salz und Muskat zu einem dickflüssigen Teig verrühren, das Öl dazugeben und das zu Schnee geschlagene Eiweiß unterziehen.
Die Brennesselblätter mit einem Nudelholz ausrollen und leicht salzen. Etwas ziehen lassen, dann in den Bierteig tauchen und bei 180 Grad in Öl goldbraun backen.

Tip: Mit Gummihandschuhen pflücken und vorbereiten.

Kräuter-Kartoffelsuppe

400 g Kartoffeln

$1\,^1/_4$ l Gemüsebouillon

Salz · Kümmel · 2 EL saure Sahne

1–4 EL gehackte Kräuter

gehackte Kräuter zum Bestreuen

Die rohen Kartoffeln schälen, vierteln und in der Gemüsebouillon mit Salz und Kümmel weich kochen. Dann durch ein Sieb streichen oder mit dem Handmixer pürieren.
Die glatt gerührte saure Sahne und die Kräuter dazugeben, die Suppe nochmals erhitzen, jedoch nicht mehr kochen. Mit Kräutern bestreut servieren.

Tip: Als Kräuter für diese Suppe eignen sich Bärenklau, Bärlauch, Hirtentäschel, Geißfuß und Pastinake; oder jeweils zwei Eßlöffel junge Blätter von Brunnenkresse, Barbarakraut und Ackersenf; oder ein Eßlöffel Gundelrebenblätter.

Kressecremesuppe

1 l kräftige Bouillon

1 gehäufter EL Speisestärke

$^1/_4$ l Milch

Salz · Pfeffer · 2 Eigelb

$^1/_{16}$ l Sahne

3–4 EL Garten- oder Brunnenkresse

Brotschnitten

Die Bouillon aufkochen, Speisestärke in Milch auflösen und in die Bouillon gießen. Zum Kochen bringen, mit Salz und Pfeffer würzen, vom Herd nehmen und mit dem in Sahne verquirlten Eigelb legieren.
Die fein gehackte Garten- oder Brunnenkresse in die vorgewärmte Servierschüssel geben und mit der möglichst heißen Suppe übergießen. Als Einlage für diese Suppe eignen sich geröstete Brotschnitten.

Schnittlauchcremesuppe

3 Frühlingszwiebeln

3 mittelgroße Kartoffeln

2 EL Butter · 3/4 l Bouillon

1 kleines Lorbeerblatt

Salz · Pfeffer

1/4 l saure Sahne

50 g Schnittlauch

In Scheiben geschnittene Frühlingszwiebeln und gewürfelte Kartoffeln in der schäumenden Butter gut rösten, mit der Brühe aufgießen, das Lorbeerblatt dazugeben, ein wenig salzen, pfeffern und die Gemüse weich kochen. Das Lorbeerblatt wieder entfernen, dann die Suppe mit dem Pürierstab fein mixen, die saure Sahne mit dem Schneebesen einrühren und zuletzt mit dem sehr fein gehackten Schnittlauch kurz aufkochen.

Sauerampfercremesuppe

(siehe Foto Seite 105)

200 g Sauerampfer ohne Stiele und Blattrippen
1 kleine Zwiebel · 3 EL Butter
$^{3}/_{4}$ l Rinderbouillon
$^{1}/_{4}$ l süße Sahne · 4 Eigelb
1 Prise Zucker · Petersilie und Kerbel
Croûtons als Einlage

Die Sauerampferblätter mit der fein gehackten Zwiebel in der aufgeschäumten Butter dämpfen. Nach etwa zehn Minuten, sobald die Blätter weich geworden sind, die Hälfte der Bouillon dazugießen, aufkochen und mit dem Mixstab pürieren. Die Suppe wieder erhitzen, den Rest der Bouillon zugießen und noch etwa 15 Minuten simmern lassen.

Süße Sahne und Eigelb verquirlen, die Suppe vom Herd nehmen und legieren. Ein wenig Zucker mildert die Schärfe des Sauerampfers. Je nach Belieben mit Petersilie und Kerbel bestreuen und mit Croûtons servieren.

Sauerampfersuppe mit Wein

100 g Sauerampfer ohne Stiele und Blattrippen
1 1/2 EL Butter
1/4 l Weißwein · 4 Eigelb
1/2 l Bouillon oder Consommé
1/4 l süße Sahne
Salz · Pfeffer
4 EL geschlagene Sahne
Sauerampferblätter

Den Sauerampfer in feine Streifen schneiden, in der Butter dünsten und mit Weißwein ablöschen. Kurz köcheln lassen und danach beiseite stellen.
In einem Kessel im heißen Wasserbad das Eigelb und die Bouillon oder Consommé mit dem Schneebesen verschlagen, die Sahne einrühren, dann den Wein und die Sauerampferblätter dazugeben. Die Suppe fest weiterschlagen, bis sie eine cremige Konsistenz hat, salzen, pfeffern und kurz vor dem Kochen vom Herd nehmen (damit das Eigelb nicht stockt). Auf jede Portion einen Löffel Schlagsahne und einige in Streifen geschnittene frische Sauerampferblätter geben.

Frühlingskräutersuppe

3 EL Mehl · 2 EL Butter

1 l Rinder- oder Gemüsebouillon

250 g Frühlingskräuter (Brennesseln, Bärlauch, Veilchen, Erdbeerblätter, Schlüsselblumenblätter, Gartenkresse, Schnittlauch und wenig Dill)

1/8 l süße oder evtl. auch saure Sahne

etwas Zitronensaft · Salz · Pfeffer

Petersilie, Kerbel und Schnittlauch · Brotwürfel

Das Mehl in Butter goldgelb rösten, mit der kalten Bouillon aufgießen, kräftig rühren und 15 Minuten sanft köcheln lassen. Die fein gehackten Kräuter in die Suppe streuen, gut verrühren und nur noch kurz aufkochen. Zuletzt mit süßer oder saurer Sahne verfeinern und mit Zitronensaft, Salz und weißem Pfeffer abschmecken.
Die Frühlingskräutersuppe mit fein gehackter Petersilie, Kerbel und Schnittlauch sowie in Butter gerösteten Brotwürfeln bestreuen und servieren.

Tip: Ebenso wie Gartenkräuter sollten auch Wildgemüse und Wildkräuter immer auf einem nassen Holzbrett geschnitten oder gehackt werden. Erstens fällt das Zerkleinern leichter, und zweitens werden die ätherischen Öle und Inhaltsstoffe nicht ins Holz gezogen.

Maissuppe, Rezept auf Seite 154

Petersiliensuppe

3 möglichst junge Petersilienwurzeln
2 mittelgroße Frühlingskartoffeln
5 EL fein gehackte Petersilienblätter
1 l Rinder- oder Gemüsebouillon
1 kleine Zwiebel
2 EL Butter · 2 EL Mehl
Salz · Pfeffer
geriebene Muskatnuß

Die Petersilienwurzeln schälen und in dünne Scheiben, die rohen Kartoffeln in Würfel schneiden, Petersilienstiele gut hacken. Die Gemüse in der Hälfte der Bouillon weich dämpfen, abseihen, den Kochsud aufheben. Kartoffeln und Petersilienwurzeln mit der Gabel zerdrücken.

In der Butter die fein gehackte Zwiebel andünsten, mit Mehl bestäuben, mit kalter Bouillon aufgießen, gut rühren und zehn Minuten köcheln lassen. Die abgeseihten Gemüse mit dem Sud dazugeben, die Suppe erhitzen, mit Salz, weißem Pfeffer und geriebener Muskatnuß abschmecken und zuletzt die gehackte Petersilie unterrühren.

Suppen aus Bier, Most und Wein

Wo jemals Bier gebraut, wo Apfelmost und Wein gekeltert wurde, von dort stammen auch einfallsreiche Suppenrezepte. Es ist ein altes Vorurteil, daß sie für Kinder nicht geeignet sind: Da diese Suppen stark aufgekocht werden, verdampft der Alkohol, zurück bleiben nur die Geschmackstoffe, das Bukett.

Altösterreichische Biersuppe

2 EL Butter · 1 EL Zucker

3 EL Mehl · 1 l Bier

Saft von $^1/_2$ Zitrone

etwas unbehandelte geriebene Zitronenschale

1 Prise Zimtpulver · 2 Eier

Schnittlauch, Kerbel oder frischer Thymian

Weißbrotscheiben

Butter aufschäumen, den Zucker darin bräunen, mit Mehl bestäuben, gut rösten und mit kaltem Bier aufgießen. Mit Zitronensaft, Zitronenschale und Zimt würzen und die Suppe etwa 15 Minuten kochen lassen.
Zuletzt die in wenig Bier verquirlten Eier mit dem Schneebesen einrühren, den Topf sofort vom Herd nehmen und die Suppe nach Belieben mit gehacktem Schnittlauch, Kerbelblättern oder frischem Thymian und gerösteten Weißbrotscheiben anrichten.

Tip: Es bleibt dem Geschmack jedes einzelnen überlassen, ob er für dieses Rezept helles oder dunkles Bier verwenden möchte.

Biersuppe mit Brot

2 kleine Zwiebeln oder 1 Bund Frühlingszwiebeln

2 EL Butter

150 g frisches Schwarzbrot oder Brezen

1 Knoblauchzehe

$^1/_2$ l entfettete Hühnerbouillon

$^1/_2$ l Bier · Salz · Pfeffer · geriebener Kümmel

1 Prise Muskatnuß · 2 Eigelb

$^1/_8$ l saure Sahne

Schnittlauch · kleine Brezeln

Die fein geschnittenen Zwiebeln in Butter anbraten und entweder das Schwarzbrot in Würfel schneiden oder die frischen Brezen in Stücke brechen und in die Pfanne geben. Alles gut rösten, bis die Zwiebeln und das Brot goldgelbe Farbe annehmen. Dann den passierten Knoblauch unterrühren, mit Bouillon und Bier aufgießen und etwa 15 Minuten sanft köcheln lassen, bis die Brotstücke weich geworden sind.
Die Suppe vom Herd nehmen und entweder mit dem Schneebesen gut schlagen oder mit dem Stabmixer pürieren. Mit Salz, weißem Pfeffer, Kümmel und Muskatnuß abschmecken und wieder erhitzen. Eigelb und saure Sahne verquirlen und die Suppe damit legieren.
Mit reichlich gehacktem Schnittlauch bestreut und mit kleinen Brezeln garniert servieren.

Tip: Man kann auch sehr gut altbackene Brezen oder Brot für diese Suppe aufbrauchen.

Oberösterreichische Mostsuppe

1 EL Butter · 2 EL Mehl

1/2 l frisch gepreßter Apfelmost

1/2 l vergorener Most

2 TL Zucker · Salz · Pfeffer

1/8 l süße Sahne

3 Eigelb · 4 Brotschnitten

Aus Butter und Mehl eine helle Mehlschwitze zubereiten und mit der Mischung aus süßem und vergorenem Most ablöschen, gut rühren und aufkochen, zuckern, salzen und pfeffern.
Die Suppe vom Herd nehmen, mit der Mischung aus süßer Sahne und Eigelb legieren und portionsweise über die gerösteten Brotschnitten gießen.

Südtiroler Weinsuppe

$^1/_2$ l Consommé
$^3/_8$ l Weißwein (Weißburgunder, trockener Traminer oder eine andere Sorte mit gehaltvollem Bukett)
Salz · Pfeffer · 1 TL Zucker
3 Eigelb · $^1/_4$ l süße Sahne
8 EL Schlagsahne
Weißbrotwürfel · Zimtpulver

Consommé erhitzen, den Wein dazugießen, aufkochen, salzen, pfeffern und mit Zucker abschmecken.
Nach vier Minuten mit dem in süßer Sahne verquirlten Eigelb legieren und mit je zwei Eßlöffel Schlagsahne, den in Butter gerösteten Weißbrotwürfeln und ein wenig Zimt servieren. Die Brotwürfel können auch schon während des Röstens mit Zimt bestreut werden.

Tip: Wer die Weinsuppe lieber etwas cremiger hat, kann sie zusätzlich mit ein wenig Maisstärke binden.

Einfache Weinsuppe

Diese aus vielen Weinbaugebieten überlieferte Suppe läßt sich besonders schnell und einfach zubereiten – wenn die Bouillon verfügbar ist, ist die Suppe in fünf Minuten fertig.

$^1/_4$ l Wein
$^3/_4$ l Knochen- oder Rinderbouillon
1 Prise Salz · etwas Pfeffer
1 Prise Zucker · Brotscheiben

Den Wein erhitzen, die Bouillon dazugeben und mit Salz, Pfeffer und Zucker abschmecken.

Jetzt die Suppe einmal aufkochen und mit gerösteten Brotscheiben als Einlage servieren.

Suppen aus Zucht- und Wildpilzen

Es gibt Länder, in denen die Pilze im Wald stehen bleiben, weil sie höchstens von einigen wenigen Experten gepflückt werden. Deshalb sind beispielsweise in den USA und in Großbritannien Mushrooms (= Pilze) gleichbedeutend mit gezüchteten Champignons.

Doch es muß nicht immer Champignon sein! Auch Austernseitlinge (Handelsname: Austernpilze), Riesenträuschlinge, ja sogar die chinesischen Tongku, im japanischen Shiitake genannt, werden bei uns in großem Maße gezüchtet und auf die Märkte gebracht. Es besteht also kein Anlaß, nach den »Pilz-Sternen« zu greifen, indem man die fast mit Gold aufgewogene weiße Trüffel aus Alba über eine Consommé double hobelt.

Das gute Mittelmaß aus Zuchtpilzen, Morcheln, Steinpilzen, Pfifferlingen, Perlpilzen, Wiesenchampignons, Stockschwämmchen und allen Arten von Täublingen sollte uns reichen. Es sind allesamt ausgezeichnete Suppenpilze.

Pilzfond

Wenn viele Pilze anfallen, kann daraus ein Pilzfond zubereitet werden, der sich einige Tage im Kühlschrank hält und – eventuell mit klarer Bouillon vermischt – für herrliche Pilzsuppen verwendet werden kann.

1000–1500 g Pilze beliebiger Art
2 große Zwiebeln oder 1 Bund Frühlingszwiebeln
1 Bund Petersilie mit Stielen
etwas Kerbel
2 l Wasser oder Knochenbouillon
wenig Salz · 10 Pfefferkörner
Saft von $^1/_2$ Zitrone

Pilze, Zwiebeln und Kräuter gut hacken, Wasser oder Knochenbouillon erhitzen und mit allen Zutaten etwa 20 Minuten simmern lassen. Dann den Sud durch ein Sieb seihen, wenn man ihn ganz klar haben will, auch noch durch ein Leinentuch. Die Mischung aus Pilzen, Gemüse oder Gewürzen kann püriert und für eine beliebige Cremesuppe verwendet werden. Falls die Pilzbrühe völlig glasklar sein soll, kann sie nach der üblichen Methode mit dem Schnee aus zwei Eiweiß (siehe Seite 27) aufgekocht und nochmals gefiltert werden.

Klare Pilzsuppe

8 frische mittelgroße Zucht- oder Wildpilze
$^3/_4$ l Pilzfond (siehe Seite 208)
$^1/_4$ l klare Bouillon
1 EL Madeira oder trockener Sherry

Die Pilze gut waschen und in Scheiben oder Streifen schneiden. Den Pilzfond mit Bouillon erhitzen, mit Madeira oder Sherry verfeinern und darin die geschnittenen Pilze nur sehr kurz gar ziehen lassen.

Tip: Für diese Suppe können vorgekochte Nudeln oder pochierte Eier als Einlage dienen.

Gefüllte Pilzköpfe als Suppeneinlage

Die gefüllten Pilze sind eine attraktive Einlage für alle kräftigen Fleischsuppen, besonders natürlich für klare Pilzsuppen.

8 feste, kleine Pilzköpfe · 6 Schalotten
2 EL Butter · Basilikum, Kerbel, Petersilie
Salz · Pfeffer · 1 gepreßte Knoblauchzehe
2 EL geriebene Mandeln oder Pinienkerne
etwas Zitronensaft · 2 EL geriebener Parmesan
2 EL Paniermehl · 8 Butterflocken

Die Pilzköpfe waschen, in einem Tuch abtrocknen, die Stiele abbrechen und die Pilze eventuell ein wenig aushöhlen. Die fein gehackten Schalotten in Butter glasig dünsten, die fein gehackten Pilzstiele (mit Ausnahme von Shiitake) in die Pfanne geben, gut rösten, dann alle gehackten Kräuter und Gewürze, die geriebenen Mandeln oder Pinienkerne und einen Spritzer Zitronensaft zufügen. Köcheln lassen, bis fast die ganze Flüssigkeit verdampft ist.
Diese Masse in die Pilzköpfe füllen, mit Parmesan und ein wenig Paniermehl bestreuen, obenauf je eine Butterflocke setzen.
Die gefüllten Pilzköpfe in eine mit Butter ausgestrichene Auflaufform schichten und im vorgeheizten Backofen bei etwa 220 Grad überbacken, bis sie sich weich anstechen lassen und oben goldbraun geworden sind.

Tip: Für dieses Rezept eignen sich Champignonköpfe, Shiitake, kleine Wiesenchampignons, kleine Steinpilze, Täublinge usw. Flache Pilze wie beispielsweise Austernseitlinge eignen sich wegen ihrer Form nicht zum Füllen.

Schnelle Pilzsuppe

1 große Zwiebel · 2 EL Butter

300 g gemischte Zucht- oder Wildpilze

1 EL Mehl · 1 l Bouillon

Salz · Pfeffer

2–3 Frühlingszwiebeln oder halbierte Lauchstangen

Die fein gehackte Zwiebel in der Butter goldgelb dünsten. Große Pilze in dicke Scheiben schneiden, kleinere Pilze nur vierteln oder halbieren. Die Pilzstückchen zur Zwiebel geben, gut rösten, mit Mehl bestäuben und mit kalter Bouillon aufgießen.

Die Suppe zum Kochen bringen und nur etwa fünf Minuten simmern lassen, bis die Pilze weich sind, salzen und pfeffern, in den letzten Minuten die grob geschnittenen Frühlingszwiebeln oder Lauchstangen mitkochen.

Einfache Steinpilzsuppe

3 Frühlingszwiebeln

4 mittelgroße feste Steinpilze

1 EL Butter · 1 l Bouillon

evtl. wenig Salz

Pfeffer aus der Mühle

Die Frühlingszwiebeln in Röllchen, die gewaschenen Steinpilze in einen halben Zentimeter dicke Scheiben schneiden, Zwiebelröllchen in der Butter kurz rösten, die Steinpilze dazugeben und zugedeckt dämpfen, bis sie weich sind.
Mit der kalten Bouillon aufgießen, die Suppe zum Kochen bringen, eventuell noch ein wenig salzen und reichlich pfeffern.

Meraner Steinpilzconsommé mit Ravioli

Die festesten Teile von vier kleinen, sehr festen Steinpilzen werden zuerst in dünne Scheiben und dann in Würfel mit etwa fünf Millimeter Durchmesser geschnitten. Danach $^3/_4$ Liter Consommé double erhitzen und die Steinpilzwürfelchen darin nur ganz kurz aufkochen. Zwölf vorgekochte, mit Kräutern gefüllte Ravioli in Suppenschalen legen und mit der Pilzsuppe übergießen.

Cremesuppe aus gemischten Wildpilzen

2 kleine Zwiebeln · 2 EL Butter

3 EL Petersilie

300–400 g gemischte Wildpilze (evtl. auch Zuchtpilze)

1 Knoblauchzehe

1/8 l Weißwein

1/2 l Pilzfond (siehe Seite 208) oder Bouillon

1/4 l Milch · Salz · Pfeffer

1 Prise Majoran · evtl. Kümmel

1/8 l saure Sahne oder Crème fraîche

Gehackte Zwiebeln in Butter andünsten, danach zuerst die grob gehackte Petersilie und dann die in Scheiben oder Streifen geschnittenen Pilze dazugeben. Gut rösten, zerdrückten Knoblauch zufügen, mit Weißwein aufgießen und sanft köcheln lassen, bis ein Großteil der Flüssigkeit verdampft ist.
Ein Viertel der Pilze aus der Pfanne heben, abtropfen lassen und zur späteren Garnierung beiseite stellen. Die übrigen Pilze mit Pilzfond oder Bouillon und Milch übergießen und etwa 20 Minuten köcheln lassen. Mit Salz, Pfeffer, Majoran und eventuell etwas gemahlenem Kümmel abschmecken, dann die Suppe mit dem Stabmixer pürieren, zuletzt saure Sahne oder Crème fraîche mitschlagen.
Die Suppe nochmals kurz aufkochen und mit den beiseite gestellten Pilzen garniert servieren.

Champignoncremesuppe

2 EL Butter · 3 EL Mehl
1 l Pilzfond (siehe Seite 208) oder Rinderbouillon
250 g Champignons (auch Wiesenchampignons)
3 EL gehackte Petersilie
weißer Pfeffer · Salz · $^3/_{16}$ l süße Sahne

Aus Butter und Mehl eine helle Mehlschwitze bereiten, mit kaltem Pilzfond oder Bouillon aufgießen und 15 Minuten leicht köcheln lassen. Unterdessen die Champignons in dünne Scheiben schneiden und in wenig Butter mit der gehackten Petersilie und weißem Pfeffer halb gar dünsten. Dann ein Drittel der Champignons aus der Pfanne nehmen und beiseite stellen. Den Rest der Pilze in die Suppe geben, kurz aufkochen, salzen und mit dem Mixstab pürieren. Die beiseite gestellten Champignons einstreuen und die Suppe zum Schluß mit der süßen Sahne verfeinern.

Suppe aus Pfifferlingen

250–300 g Pfifferlinge · 2 kleine Zwiebeln

2 EL Butter · Salz · weißer Pfeffer

gehackte Petersilie

$^1/_2$ l Pilzfond (siehe Seite 208) oder Hühnerbouillon

1 EL Mehl · $^1/_4$ l Milch

$^1/_4$ l saure Sahne

Kerbelblätter zum Bestreuen

geröstete Schwarzbrotwürfel als Einlage

Große Pfifferlinge in kleine Stücke hacken, die kleinen Pilze nur halbieren und getrennt beiseite stellen.
Die fein gehackten Zwiebeln in der aufgeschäumten Butter goldgelb dünsten, die gehackten Pilze dazugeben, wenig salzen, pfeffern und mit Petersilie bestreuen. Mit wenig Pilzfond oder Bouillon aufgießen und etwa 15 Minuten sanft köcheln lassen. Sobald die Flüssigkeit verdampft ist, die Pilze mit Mehl bestäuben, gut umrühren und rösten. Mit kalter Milch und dem Rest des Pilzfonds oder der Bouillon aufgießen, zehn Minuten weiterkochen und dann pürieren. Jetzt die beiseite gelegten kleinen Pfifferlinge in die Suppe geben und köcheln, bis sie sich leicht anstechen lassen. Zuletzt die Suppe mit saurer Sahne legieren, nochmals aufkochen und mit gehackten Kerbelblättern bestreut servieren. Als Einlage eignen sich in Butter geröstete Schwarzbrotwürfel.

Nüsse – nicht zum Knabbern, sondern für Suppen

Wer gerne Nüsse ißt, wird sich diesen Vorschlägen kaum entziehen können: Der Autor hat im Verlauf seiner Reisen einige Nußsuppen kennen- und schätzen gelernt, mit den Rezepten experimentiert und empfiehlt sie nun als neues, noch weitgehend unentdecktes Kapitel für die »Welt der Suppen«. Das Grundprinzip lautet: die Härte der Nüsse durch Kochen und Pürieren in eine dickflüssige Suppenkonsistenz umzuwandeln. Für die entsprechende Bindung sorgen Eßkastanien, Walnüsse und Erdnüsse selbst. Es gilt nur, mit Zugabe von Wein, Zitronensaft oder Joghurt einer möglichen »Fadesse« vorzubeugen.

Da alle diese Suppen relativ sättigend sind, reichen etwa $^3/_4$ Liter für vier Personen.

Brennesselsuppe, Rezept auf Seite 191

Südtiroler Eßkastaniensuppe

200–300 g Eßkastanien

$^{3}/_{4}$ l Bouillon · $^{1}/_{8}$ l Weißwein

1 Prise Salz

evtl. etwas weißer Pfeffer

$^{1}/_{8}$ l süße Sahne

gehackte Gartenkräuter zum Bestreuen

geröstete Brotwürfel als Einlage

Die Eßkastanien an der Oberseite einschneiden und so lange im Backofen backen, bis die Schalen aufspringen. Dann schälen und in etwa einem halben Liter Bouillon langsam weich kochen.
Die gegarten Eßkastanien nun mit Weißwein übergießen und entweder mit der Gabel zerdrücken oder mit dem Mixstab pürieren. Die restliche Bouillon zugießen und aufkochen, bis eine cremige Suppe entsteht. Diese salzen, eventuell ein wenig pfeffern und zuletzt mit süßer Sahne legieren.
Nach Belieben mit Gartenkräutern bestreuen und die Suppe mit gerösteten Brotwürfeln servieren, von denen jeder nimmt, soviel er will.

Variation mit gekochten Eßkastanien

Es gibt eine zweite Methode, diese Suppe herzustellen:
Die Schale der Eßkastanien einschneiden, diese in leicht gesalzenem Wasser weich kochen und noch warm schälen. In diesem Fall wird das Kochwasser weggegossen. Erst dann die Eßkastanien in wenig Bouillon gar kochen, bis sie sich pürieren lassen.

Mandelcremesuppe

100–150 g geschälte Mandeln
$^3/_4$ l Gemüse- oder Rinderbouillon
$^1/_8$ l Madeira
1 Prise Salz · $^1/_8$ l süße Sahne
4 EL Schlagsahne
geröstete Mandelsplitter zum Garnieren

Die Mandeln in wenig Gemüse- oder Rinderbouillon langsam weich kochen (dauert etwa eine halbe Stunde). Danach mit dem Mixstab pürieren, wieder erhitzen, mit Madeira und dem Rest der Gemüse- oder Rinderbouillon aufgießen, salzen und kurz kochen. Zuletzt mit der süßen Sahne verfeinern.
Auf jede Suppenportion einen Eßlöffel kalte Schlagsahne geben, mit gerösteten Mandelsplittern bestreut servieren.

Tip: Die ungeschälten Mandeln mit kochendem Wasser übergießen; danach lassen sie sich leicht aus der Schale drücken. Wenn statt ganzen Mandeln frisch gemahlenes Mandelmehl verwendet wird, verkürzt sich die Kochzeit erheblich.

Walnußsuppe

150 g aus der Schale gelöste Walnüsse

$^1/_2$ l Salzwasser

evtl. 1 EL Öl oder 1 EL Butter

$^3/_4$ l Rinderbouillon

$^1/_8$ l Madeira · Salz

weißer Pfeffer · $^1/_8$ l süße Sahne

8 Walnußhälften

etwas Öl

4 EL Schlagsahne zum Garnieren

Die Walnußkerne zehn Minuten in Salzwasser köcheln lassen, abseihen und den Kochsud weggießen, weil er zu viele Bitterstoffe enthält. Die abgetrockneten Walnußkerne eventuell in Öl oder Butter in der Pfanne rundum leicht bräunen, das verstärkt den Geschmack.

Die Hälfte der Bouillon erhitzen, die Nüsse darin langsam weich dämpfen und, sobald sie sich anstechen lassen, pürieren. Wieder erhitzen, mit dem Wein und der restlichen Bouillon aufgießen, salzen und pfeffern. Die Suppe noch fünf Minuten kochen und zuletzt mit süßer Sahne legieren. Die Walnußhälften zum Garnieren rundum langsam in wenig Öl goldgelb rösten, aus der Pfanne heben und abkühlen lassen. In jede Portion Walnußsuppe einen Eßlöffel sehr kalte Schlagsahne geben, darauf je zwei geröstete Walnußhälften setzen und servieren.

Haselnußsuppe

Dieses Rezept lernte der Autor in den Haselnußanbaugebieten der Türkei kennen. Haselnüsse lassen sich, vor allem wenn sie frisch sind, schnell weich kochen und schmecken dann wie Bohnen mit nussigem Geschmack. Es lohnt sich auf jeden Fall, mit diesen Nüssen zu experimentieren. Hier ein Grundrezept:

150 g Haselnußkerne (im Idealfall geschält)

$^{3}/_{4}$ l Gemüse- oder Rinderbouillon

Salz · weißer Pfeffer

$^{3}/_{4}$ l saure Sahne oder Joghurt

gehackte Kräuter zum Garnieren

Braune Haselnußkerne kurz in Salzwasser kochen, die Brühe weggießen, weil die Schalen Bitterstoffe enthalten. Geschälte Haselnüsse gleich weiterverwenden.
Die Kerne in wenig Bouillon weich dämpfen, dann entweder grob mixen oder sehr fein pürieren, salzen, pfeffern und aufkochen. Die saure Sahne oder den Joghurt in der restlichen Bouillon verquirlen, zur Suppe geben und diese nochmals zum Kochen bringen.
Mit beliebigen gehackten Kräutern garniert servieren.

Cashewcremesuppe

Die Cashewnüsse stammen aus Ostasien, sie erfreuen sich auch bei uns immer größerer Beliebtheit. Hier eine Suppe daraus:

150 g weiße Cashewkerne
$^1/_2$ l Bouillon · $^1/_4$ l Milch
evtl. 1 Prise Curry
3 EL Sherry · $^1/_8$ l süße Sahne
4 EL Schlagsahne
gehackte Cashewkerne

Die Cashewkerne in der Hälfte der Bouillon weich kochen (dauert ungefähr 45 Minuten). Die weichen Nüsse mit dem Stabmixer pürieren, mit Milch und der restlichen Bouillon aufgießen und zu einer cremigen Suppe verkochen. Eventuell mit Curry abschmecken. Zuletzt den Sherry dazugießen, gut rühren und mit der süßen Sahne vermischen.
Die Suppe mit je einem Eßlöffel steif geschlagener Sahne verzieren und mit gehackten Cashewnüssen bestreut servieren.

Variation mit gerösteten Cashewkernen

Noch besser schmeckt diese Suppe, wenn geröstete Cashewnüsse verkocht werden. Man bekommt sie allerdings bei uns meist nur sehr stark gesalzen. Deshalb müssen sie vor der weiteren Verwendung mit kochendem Wasser überbrüht werden.

Westafrikanische Erdnußsuppe

Diese aus den Erdnußanbauländern Westafrikas stammende Suppe ist einer der Favoriten Ihres Autors – vielfach erprobt und von seinen Gästen hoch bejubelt.

6 Schalotten oder 2 Frühlingszwiebeln
1 EL Öl oder Butter
1 EL Tomatenmark oder 1 Tomate
1 Prise Cayennepfeffer · etwas Salz
$^{3}/_{4}$ l Rinderbouillon
4 gehäufte EL Erdnußbutter
Pfeffer aus der Mühle
evtl. etwas Zitronensaft

Klein gehackte Schalotten oder Frühlingszwiebeln in Öl oder Butter goldgelb rösten, Tomatenmark oder geschälte und entkernte Tomatenstücke dazugeben, mit Cayennepfeffer würzen und wenig salzen. Dann mit $^{1}/_{4}$ Liter Bouillon aufgießen und zehn Minuten köcheln lassen.

Diese Mischung entweder durch ein Sieb streichen oder mit dem Mixstab pürieren und mit dem Rest der kalten Bouillon aufgießen. Sobald die Flüssigkeit lauwarm ist, die Erdnußbutter löffelweise dazugeben und unter ständigem Rühren mit dem Schneebesen auflösen. Die Suppe zum Kochen bringen und nur noch wenige Minuten simmern lassen, zuletzt mit Salz, reichlich schwarzem Pfeffer aus der Mühle und eventuell etwas Zitronensaft abschmecken.

Die großen Suppen aus China

Dieses Kapitel sei ein Tribut an die hervorragende chinesische Küche!

Im »Land der aufgehenden Sonne« sind schon Suppen aus feinen Porzellanschalen gelöffelt worden, als bei uns von Kochkunst noch keine Rede war.

Die Flüssigkeitsbasis chinesischer Suppen ist in den meisten Fällen eine sehr helle, leichte und völlig entfettete Hühner- oder Entenbouillon (ersatzweise kann man auch Rinderbouillon verwenden) – wenig gesalzen, weil erst bei Tisch mit etwas Sojasauce nachgewürzt wird. Scharfe Suppen würzt man auch mit einem Hauch Sambal, der scharfen Chilipaste.

Die Damen in China wußten schon immer und wissen noch heute, daß Suppenessen schlank erhält.

Sie ließen die üppigeren Gänge aus und nahmen vorwiegend von den fünf bis zehn Suppen, die während eines chinesischen Festmahles zwischen den Hauptgerichten gereicht werden.

Chinasuppen machten Weltgeschichte

Als in den 70er Jahren das Tauwetter zwischen den USA und China, letztlich auch zwischen China und der UdSSR begann, konnten politische Auguren an den Menüs der Festbankette ablesen, wie weit die diplomatischen Verhandlungen gediehen waren: Wurde »nur« Hühner- oder Entensuppe gereicht, standen die Zeichen auf Sturm.

Bei Haifischflossensuppe erahnte man ein Entspannen der Standpunkte.

Als es jedoch im Menü zu den Haifischflossen auch noch Schwalbennester-Suppe gab, war der politische Durchbruch geschafft.

Diese »Suppenvorhersagungen« haben stets mit hundertprozentiger Sicherheit gestimmt.

Allgemeine Tips

Da chinesische Suppen in kleinen Porzellanschalen mit Porzellanlöffeln angerichtet werden, sollten $^3/_4$ Liter für vier Personen ausreichen.

Zum Binden chinesischer Suppen wird entweder Mais- oder Kartoffelstärke, auch Tapiokamehl verwendet. Üblich ist es in China seit langer Zeit auch, Ve-tsin-Pulver (Glutamat) als Geschmacksverstärker zu benützen.

Schnelle Eierblumensuppe

$^3/_4$ l Geflügelbouillon

1 Ei · 2 Eiweiß

etwas Speisestärke zum Binden

evtl. etwas Schnittlauch

Zwei Drittel der Bouillon erhitzen, in der restlichen, möglichst kalten Bouillon Ei und Eiweiß verschlagen und mit dem Schneebesen in die Suppe rühren. Zuletzt mit ein wenig in Wasser aufgelöster Speisestärke binden, nach Wunsch mit Schnittlauchröllchen bestreuen und servieren.

Eierblumensuppe mit Frühlingszwiebeln

$^3/_4$ l Hühnerbouillon · 1 Eiweiß

1 Ei · 1 Prise Salz · 1 Prise Zucker

1 TL helle Sojasauce

die grünen Teile von Frühlingszwiebeln

3 EL fein gehacktes, gebratenes Hühnerfleisch

Die Hühnerbouillon zum Kochen bringen, das Eiweiß und das ganze Ei mit der Gabel verquirlen und über die Gabel in die Suppe tropfen lassen. Ständig nur in eine Richtung (nach rechts) umrühren, damit dünne Eierfäden entstehen. Den Topf vom Herd nehmen und zugedeckt eine bis zwei Minuten stehen lassen. Danach die Suppe mit Salz, Zucker und Sojasauce abschmecken, die in feine Ringe geschnittenen Frühlingszwiebeln und das Hühnerfleisch einrühren, erst dann servieren.

Süß-saure Hühnersuppe

(siehe Foto Seite 235)

6 Mu-Err-Pilze (Baummorcheln)
50 g Tofu (Sojabohnenquark)
2 Babymöhren · 1 Frühlingszwiebel
1 Hühnerbrust · 1 TL Reiswein · 1 Prise Salz
1 Prise schwarzer Pfeffer · 1 TL Sojasauce
1 TL Kartoffelstärke · 1 TL Sesam- oder Nußöl
½ l Hühnerbouillon · 1 EL Tomatenmark
1 EL Essig · 1 TL Zucker · ¼ TL Sambal
50 g Bambussprossen · 2 EL Kartoffelstärke

Die Pilze eine halbe Stunde in lauwarmem Wasser einweichen, die harten, unteren Teile entfernen, die schwarzen Blätter in Streifen schneiden. Tofu, Babymöhren und Frühlingszwiebel ebenfalls in streichholzdünne Stücke schneiden und beiseite legen. Die Hühnerbrust gut waschen, mit einem Küchentuch abtrocknen und in möglichst dünne Streifen schneiden. Mit Reiswein, Salz, Pfeffer, Sojasauce und wenig Kartoffelstärke vermischen und etwa 30 Minuten ziehen lassen. Zuletzt ein wenig Sesam- oder Nußöl dazugeben.

Die Hühnerbouillon erhitzen und mit Tomatenmark, Essig, Zucker sowie Sambal abschmecken. Dann zuerst die Bambussprossen und die Möhrenstreifen etwa fünf Minuten köcheln lassen, die Pilzstreifen, die Frühlingszwiebeln und danach den zerkleinerten Tofu dazugeben. Jetzt die Suppe mit der in wenig Wasser oder kalter Hühnerbouillon verrührten Kartoffelstärke binden, aufkochen und zuletzt das Hühnerfleisch dazugeben. Die Hühnersuppe nochmals aufkochen, vom Herd nehmen und vor dem Servieren nur noch ganz kurz ziehen lassen.

Hühnersuppe mit Lauch und Bambus

1 kleine Hühnerbrust · 1 ausgelöste Hühnerkeule

100 g Bambussprossen · 1 kleine Möhre

½ Stange Lauch (der weiße Teil)

¾ l Geflügelbouillon

1 EL Reiswein · 2 EL grüne Erbsen

Lauchringe oder Schnittlauchröllchen zum Bestreuen

Die ausgelösten Hühnerteile in feine Streifen und Würfel von einem Zentimeter Seitenlänge schneiden, die Bambussprossen und die Möhre in streichholzdünne Streifen, den Lauch in feine Ringe schneiden.

Die Geflügelbouillon erhitzen und mit dem Wein verfeinern. Dann in folgender Reihenfolge die Gemüse einstreuen: zuerst die Bambussprossen und Möhrenstreifen, nach etwa fünf Minuten die grünen Erbsen, dann sofort die Lauchringe. Erst zuletzt das geschnittene Hühnerfleisch dazugeben, nur kurz aufkochen, den Topf vom Herd nehmen und die Suppe zugedeckt ziehen lassen, bis das Hühnerfleisch weich ist. Vorsicht! Bei längerem Kochen wird es zäh.

Die Suppe nach Belieben mit Lauchringen oder Schnittlauchröllchen bestreut servieren.

Tip: Achten Sie beim Kauf auf Frühjahrs-Bambussprossen, sie sind weicher als Winterbambus.

Glasnudelsuppe mit Frühlingszwiebeln

4 Handvoll geschnittene Glasnudeln

$^{3}/_{4}$ l Geflügelbouillon

2 Frühlingszwiebeln · 1 Prise weißer Pfeffer

Die Glasnudeln in die kochende Bouillon geben und fünf Minuten leicht simmern lassen. Die Frühlingszwiebeln in Streifen schneiden und ebenfalls in die Bouillon geben.
Diese pfeffern, kurz aufkochen und servieren.

Tip: Glasnudeln, in Bündeln gekauft, sind schwer zu zerteilen. Mein Rat: Die Nudeln mit einer scharfen Schere auf einer Serviette in acht bis zehn Zentimeter lange Stücke schneiden.

Übrigens: Zu Glasnudelsuppen werden außer dem üblichen Porzellanlöffel auch Eßstäbchen serviert.

Krabbensuppe mit Mais

5 gehäufte EL Krabbenfleisch (wenn möglich frisch, evtl. auch aus der Dose)

1 Prise Pfeffer

1 EL Reiswein oder trockener Weißwein

etwas Glutamat · 1 Scheibe frischer Ingwer

$^{3}/_{4}$ l Geflügelbouillon

100–150 g Maiskörner

1 $^{1}/_{2}$ EL Maisstärke · 1 Ei

Petersilie, Lauchstreifchen oder Schnittlauch

Das Krabbenfleisch mit den Fingern in feine Teile zupfen, pfeffern, mit wenig Reiswein oder trockenem Wein übergießen und eine Messerspitze Glutamat sowie höchstens einen Teelöffel fein geriebenen Ingwer einstreuen. (Falls kein frischer Ingwer verfügbar ist, kann man auch Ingwerpulver verwenden.) Diese Masse gut verrühren und etwa 20 Minuten ruhen lassen.

Die Geflügelbouillon erhitzen, unterdessen die Maiskörner mit einer Gabel zerdrücken. Diese in der Bouillon aufkochen und etwa fünf Minuten simmern lassen. Das marinierte Krabbenfleisch einrühren, ebenso die in wenig Wasser aufgelöste Stärke und das in etwas kalter Hühnerbouillon verquirlte Ei. Nur noch kurz aufkochen und mit Petersilie, Lauchstreifchen oder Schnittlauch bestreuen.

Suppe mit Spargel und Morcheln

2 gehäufte EL getrocknete Mu-Err-Pilze (Baummorcheln)
8 vorgekochte Spargelköpfe
1 Lauchstange (ca. 10 cm lang)
$^3/_4$ l Hühnerbouillon · 1 TL Austernsauce
1 EL Reiswein

Die Pilze 20 Minuten in lauwarmem Wasser einweichen, dann in dünne Streifen schneiden, die Spargelköpfe der Länge nach halbieren. Den Lauch ebenfalls der Länge nach in hauchdünne, etwa fünf Zentimeter lange Streifen schneiden.

Die Hühnerbouillon aufkochen, die Pilze darin etwa fünf Minuten sanft köcheln lassen und die Spargelköpfe dazugeben. Die Suppe mit Austernsauce und Reiswein verfeinern, nur noch kurz aufkochen und zuletzt die Lauchstreifchen dazugeben.

Tip: Diese sehr schnell zubereitete Suppe kann nach Wunsch auch mit einem Eßlöffel Maisstärke, in Wasser aufgelöst, gebunden werden.

Pilzsuppe mit Glasnudeln und grünen Erbsen

8 mittelgroße getrocknete Pilze wie Tongku oder Shiitake

$^3/_4$ l Geflügelbouillon

4 Handvoll geschnittene Glasnudeln

4 EL grüne Erbsen

etwas weißer Pfeffer · etwas Glutamat

Von den getrockneten Pilzen die Stiele ausbrechen (sie sind zäh und unverwertbar), die Köpfe über Nacht, zumindest aber fünf Stunden, in lauwarmem Wasser einweichen. Das Weichwasser aufbewahren und für eine dunkle chinesische Suppe (z. B. sauer-scharfe Suppe oder Fischsuppe) verwenden.

Die Bouillon erhitzen, die in feine Streifen geschnittenen Pilzköpfe fünf Minuten köcheln lassen, dann die Glasnudeln untermischen und weich kochen. Erst zwei Minuten vor dem Servieren die grünen Erbsen dazugeben. Ein wenig pfeffern und die Suppe mit einer Messerspitze Glutamat würzen. Eine Bindung ist nicht nötig, hierfür sorgen die Glasnudeln.

Hühnersuppe im Kürbis

Diese Suppe hat der Autor einige Male in China gegessen – und zwar in kurioser Form: Ein vorgekochter Kürbis wird als Suppenterrine verwendet, mit dem oberen Teil samt dem Stiel als Deckel. Dazwischen hängen in der Suppe weich gekochte Hühnerfüße aus dem seltsamen Gefäß, die von Chinesen mit Vorliebe abgenagt werden.
Für den europäischen Geschmack ist das Grundrezept nachvollziehbar:

1 Kürbis mit möglichst harter Schale (ca. 25 cm Durchmesser)
3 l Salzwasser
Hühnersuppe mit Lauch und Bambus (siehe Seite 228)

Den Kürbis köpfen, entkernen und von den faserigen Fruchtteilen befreien, dann in Salzwasser weich dämpfen, bis sich das Fleisch leicht anstechen läßt. Den Kürbis aus dem Wasser heben, abtropfen lassen und in eine der Größe entsprechende Porzellanschüssel stellen.
Die heiße Hühnersuppe in die »Kürbisterrine« füllen, den oberen Teil des Kürbis als Deckel verwenden und ein Loch für die Schöpfkelle ausschneiden.
Der Gastgeber serviert die Suppe in Schalen und schneidet mit der Schöpfkelle je nach Wunsch des Gastes ein wenig Fruchtfleisch vom Kürbis aus, um es als Einlage zu reichen.

Chinesische Muschelsuppe

Im Originalrezept werden für diese Suppe getrocknete Muscheln verwendet, die in China auf jedem Markt zu finden sind. Wir können diese Suppe nur nachahmen, indem wir in Salzwasser gekochte Austern aus der Dose verwenden oder auch Miesmuscheln, die vorher kurz aufgekocht und aus der Schale genommen wurden.

4 mittelgroße Tongku- oder Shiitake-Pilze

100 g Muscheln · 100 g Bambussprossen

$^1/_2$ l Hühnerbouillon

1 EL Reiswein · 1 $^1/_2$ EL Kartoffelstärke

1 Ei · Salz

Die Pilze einweichen und in feine Scheiben schneiden (die Stiele müssen entfernt werden!). Die Muscheln etwas zerteilen und beiseite legen. Die Bambussprossen in streichholzdünne Streifen schneiden.

Die Hühnerbouillon zum Kochen bringen, die Bambussprossen und die Pilze einstreuen, weich kochen und den Reiswein dazugießen. Dann die in wenig Wasser aufgelöste Kartoffelstärke einrühren und das mit wenig Salz verquirlte Ei eintropfen. Ständig in eine Richtung rühren, damit feine Eierstreifen entstehen.

Die Suppe vom Herd nehmen und zugedeckt ein wenig ziehen lassen. Die Muschelstücke portionsweise in die vorgewärmten Suppenschalen geben und mit der heißen Suppe übergießen.

Süß-saure Hühnersuppe, Rezept auf Seite 227

Chinesische Fischsuppe

5 Schalotten · 1 Möhre · 50 g Bambussprossen

$^{1}/_{2}$ Stange Lauch (der weiße Teil)

2 EL getrocknete Mu-Err-Pilze (Baummorcheln)

$^{1}/_{16}$ l Reiswein · 2 EL Sojasauce oder Austernsauce

2 EL Essig · 1 TL Tomatenmark

1–2 TL Zucker · 1 TL geriebener Ingwer

1 Prise Cayennepfeffer oder $^{1}/_{2}$ TL Sambal

1 Prise weißer Pfeffer

200 g Schollen- oder Heilbuttfilet

$^{3}/_{4}$ l Hühnerbouillon oder Fischfond (siehe Seite 102)

2 EL Maisstärke

3 EL Garnelen (aus dem Glas)

Schnittlauch

Zuerst die Gemüse vorbereiten: Die Schalotten schälen und in Viertel, die geputzte Möhre entweder in dünne Streifen oder in hauchdünne Scheiben, die Bambussprossen in streichholzdünne Stücke und den Lauch schräg in dünne Scheiben schneiden.

Die Pilze zehn Minuten in heißem Wasser einweichen, das Weichwasser aufheben.

Aus Reiswein, Sojasauce bzw. Austernsauce, Essig, Tomatenmark, Zucker und den Gewürzen eine Marinade rühren und darin die einen Zentimeter dicken Fischfiletscheiben etwa 20 Minuten ziehen lassen.

Die Hühnerbouillon oder den Fischfond erhitzen und die Gemüse in kurzen Abständen in folgender Reihenfolge weich kochen: zuerst die Möhren, dann die klein geschnittenen Pilze, die Schalotten, die Bambussprossen und zuletzt den Lauch. Sobald die Gemüse halb gar sind, die Fischmarinade ohne die Fischstücke dazugießen. Die Suppe wieder aufkochen und mit der in Pilzwasser aufgelösten Maisstärke legieren. Nochmals aufkochen, die Fischstücke dazugeben und nur noch eine Minute sanft köcheln lassen. Zuletzt die Garnelen und die feinen Schnittlauchröllchen einstreuen, sehr heiß servieren.

Chinesische Entensuppe

100 g gebratenes Entenfleisch
1 EL Reiswein · 1 Msp Glutamat
Salz · Pfeffer · 1 EL Sojasauce
5 Mu-Err-Pilze (Baummorcheln)
50 g Sojabohnensprossen
50 g Bambussprossen
$^{3}/_{4}$ l Entensuppe bzw. -bouillon (siehe Seite 79)
1 $^{1}/_{2}$ EL Kartoffelstärke
2 EL Wasser · 1 Ei
Schnittlauch oder Frühlingszwiebeln

Das in kleine Stücke geschnittene Entenfleisch mit wenig Reiswein, Salz, etwas weißem Pfeffer, Glutamat und Sojasauce würzen, durchmischen und 15 Minuten ruhen lassen. Die Pilze etwa zehn Minuten in lauwarmem Wasser einweichen, dann abgetropft in kleine Stücke schneiden.

Sojabohnensprossen waschen, Bambussprossen in streichholzdünne Streifchen schneiden. Die Entenbouillon erhitzen, zuerst die Bambussprossen, dann die Pilzstückchen und nach fünf Minuten die Sojabohnensprossen einstreuen und weitere fünf Minuten leicht kochen. Das Entenfleisch in die Suppe geben, Kartoffelstärke in Wasser auflösen und mit dem Ei verschlagen, die Mischung zum Binden in die Suppe einrühren.

Die Entensuppe mit gehacktem Schnittlauch oder auch gehackten Frühlingszwiebeln bestreut servieren.

Kalte Suppen für heiße Tage

Wenn es so richtig heiß ist, steht kaum jemandem der Sinn nach heißen Suppen. Warum also nicht kalte Suppen, Kaltschalen, servieren? Aus der Vielfalt der europäischen Rezepte hier eine Auswahl:

Spanische Gazpacho

Diese kalte, erfrischende, nach Belieben auch etwas schärfere Suppe gibt es in Spanien in vielen Variationen. Ihr Autor empfiehlt folgende:

1 Salatgurke · 4 Knoblauchzehen
1/2 TL Kümmelpulver · 1 Prise Cayennepfeffer
2 große Tomaten (geschält, entkernt und in kleine Würfel geschnitten) oder ersatzweise 1/4 l Tomatensaft
1–2 Peperoni · 3 EL Olivenöl
1 EL Weinessig · 1 TL Zucker · 1 Prise Salz
weißer Pfeffer · 1/4 l Hühnerbouillon nach Belieben
ALS BEILAGEN:
grob gehackte Zwiebeln, in Streifen geschnittene Paprikaschoten, Gurkenwürfel, klein geschnittene Tomaten und Frühlingszwiebeln

Die Gurke schälen und in Stücke schneiden. Gepreßten Knoblauch, Kümmel und Cayennepfeffer verreiben, Tomaten oder Tomatensaft, Öl, Essig und alle anderen Zutaten dazugeben und mit dem Mixstab zu einer breiigen Masse verrühren. Nach Wunsch auch die kalte Bouillon zufügen.
Die Suppe süß-sauer abschmecken, eventuell ein wenig nachsalzen und im Kühlschrank kalt stellen.
Die Gazpacho wird zusammen mit klein geschnittenen Gemüsen gereicht.
Jeder nimmt aus der Schüssel, soviel er von der würzigen Suppe möchte, und gießt sie über die Gemüse oder auch über in Würfel geschnittenen herzhaften Käse. Dazu wird Weißbrot gereicht.

Geeiste Tomatensuppe aus Frankreich

6 große Tomaten · 4 geschälte Schalotten

Saft von 1/2 Zitrone · 3 EL Olivenöl · 1/2 TL Salz · Pfeffer

2 TL Zucker · evtl. etwas Essig

Zitronenmelisse, Schnittlauch, Kerbel, Salbei und/oder Dill als Einlage

Die Tomaten überbrühen, enthäuten und entkernen. Mit den Schalotten, Zitronensaft, Olivenöl, Salz, reichlich schwarzem Pfeffer und Zucker im Mixer bei hoher Geschwindigkeit sehr fein pürieren. Eventuell noch mit ein wenig Salz und Essig süß-sauer abschmecken. Die Suppe in den Kühlschrank stellen. Sie wird eiskalt serviert (unter Umständen auch mit darin schwimmenden Eiswürfeln), erst im letzten Augenblick die fein gehackten Kräuter unterrühren.

Avocado-Kaltschale

3–4 Avocados · etwas Zitronensaft · 1 TL Zucker

3/4 l Gemüsesaft (Tomaten-, Karottensaft oder gemischt)

Salz · Pfeffer · 3/8 l saure Sahne · Dillzweige

Die Avocados entkernen, das Fleisch aus den Schalen lösen und unter Zugabe von Zitronensaft und Zucker mit der Gabel zerdrücken. Mit eiskaltem Gemüsesaft aufgießen und mit dem Mixstab schaumig rühren. Salzen, pfeffern und zuletzt mit der sauren Sahne verquirlen, bis eine Creme entsteht. Die Avocadocreme im Kühlschrank eiskalt werden lassen, mit dem Mixstab nochmals aufschäumen und mit Dillzweigen garniert servieren.

Gurkenschaum mit Dill

(siehe Foto Seite 253)

500 g Salatgurken · 1 kleine Zwiebel

1/4 l völlig entfettete Rinderbouillon

1/8 l Weißwein · 1 TL Salz

2 EL weißer Weinessig

2–3 TL Zucker · weißer Pfeffer

3/8 l saure Sahne

4 EL fein gehackter Dill zum Bestreuen

Die Gurken schälen und eventuell entkernen. Die Hälfte davon in Würfel schneiden und mit der gehackten Zwiebel in Bouillon und Weißwein weich kochen, abkühlen lassen. Die zweite Hälfte der Gurken fein schneiden oder raspeln, etwas salzen und zusammen mit den gekochten Gurken im Kühlschrank kalt stellen. Sobald sie abgekühlt sind, die Gurken mit Weinessig übergießen, mit Salz und Zucker süßsauer abschmecken, pfeffern und mit dem Mixstab schaumig rühren. Saure Sahne dazugeben, nochmals kräftig mixen und die kalte Suppe mit fein gehacktem Dill bestreuen – nur noch kurz durchrühren, um den Dill zu verteilen.

Suppen aus Obst und Beeren

Sie sind keine Suppen im eigentlichen Sinn, werden aber seit langem unter dem Kapitel Fruchtsuppen dazugezählt. Hier nur eine kleine Auswahl, die noch viel Raum für Experimentierfreude läßt. Diese Suppen aus Obst und Beeren werden je nach Geschmack entweder lauwarm oder kalt serviert.

Kalte Quittensuppe

500 g Quitten · $^1/_4$ l Rotwein

3–4 EL Zucker · 2 Gewürznelken

1 Stück Zimtrinde · $^1/_4$ l Orangensaft

evtl. etwas Zitronensaft

evtl. 1 Prise Salz

kleine Pfannkuchenröllchen (siehe »Frittaten«, Seite 47) als Einlage

Blätter von Zitronenmelisse oder Minze zum Garnieren

Die Quitten wie Äpfel schälen, die Kerngehäuse ausschneiden und das Fruchtfleisch in dünne Spalten schneiden.

Rotwein, Zucker, Nelken, Zimt und Orangensaft aufkochen, die Quitten dazugeben und bei kleiner Hitze weich kochen, bis eine musartige Masse entsteht.

Diese durch ein feines Sieb streichen, eventuell noch mit Orangen- und Zitronensaft verdünnen, falls sie zu fest geworden ist, und mit Zucker und eventuell wenig Salz abschmecken. Nach dem Abkühlen in den Kühlschrank stellen. Die Quitten gelieren von selbst, brauchen also keinerlei Bindung.

Als Einlage für diese erfrischende kalte Fruchtsuppe sind kleine Pfannkuchenröllchen zu empfehlen, garniert wird sie mit Blättern von Zitronenmelisse oder Minze.

Holundersuppe

$^1/_4$ l Wasser · 2 Gewürznelken
1 Stückchen Zimtrinde
1 Stück unbehandelte Zitronenschale
etwas Rum · 100 g Zucker
500 g Holunderbeeren
250 g Äpfel und Pflaumen
2 EL Maismehl · $^1/_8$ l süße Sahne

Das Wasser mit den Gewürzen, einem Spritzer Rum und dem Zucker aufkochen, die Holunderbeeren und das entkernte, in Stücke geschnittene Obst dazugeben und weich kochen.
Die Suppe durch ein Sieb streichen, wieder aufkochen und mit dem in der süßen Sahne aufgelösten Maismehl legieren.
Die Holundersuppe wird üblicherweise lauwarm serviert.

Schneeklößchen als Einlage für die Holundersuppe

Steif geschlagenen und leicht gezuckerten Schnee von zwei Eiweiß mit einem nassen Löffel zu großen Klößen ausstechen und in leicht wallender Milch drei Minuten zugedeckt pochieren, bis sie fest geworden sind. Herausheben, abtropfen lassen und in die Holundersuppe einlegen.

Joghurtsuppe mit Beeren

(siehe Foto Seite 271)

$^1/_2$ l Joghurt · $^1/_4$ l saure Sahne
Saft von 1 Zitrone · 2–3 EL Zucker
1 Msp Salz
300 g Beeren (Heidelbeeren, Himbeeren, Brombeeren)
4 EL geschlagene süße Sahne
Blätter der Zitronenmelisse

Joghurt und saure Sahne mit Zitronensaft, Zucker und wenig Salz verquirlen, ein Drittel der Beeren einrühren (die schönen Beeren zum Garnieren aufheben) und pürieren, danach kalt stellen.
Die Suppe in gekühlte Schalen gießen, mit den schönen Beeren belegen, mit Schlagsahne verzieren und mit Melisseblättern garnieren.

Tip: Für diese Delikatesse kann man entweder gemischte Beeren oder Beeren von nur einer Sorte verwenden, immer jedoch insgesamt 300 Gramm.

Honigmelonen-Kaltschale

Auch diese Fruchtsuppe ist eine herrliche Erfrischung an heißen Sommertagen, aber nicht für Kinder geeignet, da sie ein wenig Alkohol enthält. Sie wird in den ausgehöhlten Melonen serviert.

2 Honigmelonen mit etwa 20 cm Durchmesser
Saft von 1 Zitrone · 1 TL Zucker
$^1/_{16}$ l Madeira · 1 Prise Salz
$^1/_4$ l saure Milch oder saure Sahne
$^1/_8$ l Champagner oder Sekt
Blätter von Minze und/oder Zitronenmelisse zum Garnieren

Reife Melonen (sie sollten sich am Stielende etwas eindrücken lassen, sonst aber sehr fest sein) halbieren und die Kerne entfernen. Mit einem scharfen Löffel zwei Drittel des Fruchtfleisches ausschaben – vorsichtig, keinesfalls bis zur Schale durchstechen! Das Fruchtfleisch in Würfel schneiden und beiseite stellen.
Die Melonenschalen innen mit etwas Zitronensaft, Zucker und wenig Madeira ausstreichen und im Kühlschrank kalt stellen.
Das Fruchtfleisch der Melonen ein wenig salzen (Salz hebt den Melonengeschmack) und ebenfalls in den Kühlschrank stellen, etwas ziehen lassen. Saure Milch oder saure Sahne im Mixer aufschlagen, etwas Zucker, den Rest des Madeiras und das Melonenfleisch dazugeben, zu einer glatten Creme pürieren und in den Kühlschrank stellen. Kurz vor dem Servieren die Melonensuppe mit etwas Champagner oder Sekt aufgießen, eventuell noch mit Zitronensaft und Zucker abschmecken, dann in die kalten, ausgehöhlten Melonenhälften gießen und mit Zitronenmelisse und/oder Minze garnieren.

Hagebuttensuppe

200 g Hagebuttenmark

100 g Apfelmus (oder geriebene frische Äpfel)

3/8 l Weißwein (oder Rosé)

1/4 l Wasser · 1 Prise Zimt

2 EL Zucker · 2 TL Stärkemehl

20 Hagebuttenhälften

Das Hagebuttenmark mit dem Apfelmus vermischen, mit Wein und Wasser übergießen, verrühren und erhitzen. Kurz vor dem Kochen das Zimtpulver und den Zucker einrühren.
Das Stärkemehl in ein bis zwei Eßlöffel Wasser verrühren, in die Suppe gießen und kurz aufkochen.
Zum Garnieren die gut gewaschenen Hagebuttenhälften mit Zucker und etwas gewässertem Wein weich dünsten und in die Suppe geben.

Lieblingsrezepte der Meisterköche

»Was ist eigentlich Ihre Lieblingssuppe?« haben wir jene Meisterköche gefragt, die im Gault Millau stets mit drei bis vier Hauben ausgezeichnet und überdies oft zu »Köchen des Jahres« gekürt wurden.

Viele von ihnen haben geantwortet und ihre Geheimrezepte für dieses Buch zur Nachahmung freigegeben.

Völlig klar ist, daß die Besten der Besten in ihren »Tempeln der Kochkunst« meist auch das Beste vom Besten verwenden, was für den privaten Gebrauch oft an die Grenze der finanziellen Möglichkeiten gehen mag. Dennoch zeigen uns die Meisterköche, welche Suppenvielfalt es in der feinen Küche gibt. Dem Leser sei angeraten, diese Rezepte hin und wieder für einen festliche Anlaß nachzuvollziehen.

Um keine Animositäten aufkommen zu lassen, gehen wir in der alphabetischen Reihenfolge der Namen vor, wobei natürlich der einzigen Dame in dieser Riege der Meisterköche der Vortritt gelassen wird.

Lisl Wagner-Bacher, schon 1983 zur »Köchin des Jahres« gekürt, betreibt in Mautern, Niederösterreich, zusammen mit ihrem Ehemann das berühmte »Landhaus Bacher«. Sie empfiehlt uns:

Kürbiscremesuppe

4 suppenschalengroße Kürbisse
Salz
1 Schalotte
etwas Butter
1 Scheibe roher Schinken
3/4 l Rinderbouillon
1/2 l süße Sahne
etwas Sherryessig
Muskat
Knoblauch
Kümmel
etwas Kürbiskernöl
in Butter geröstete Schwarzbrotwürfel
und evtl. Zuckermais als Einlage

Die Kürbisse am Stielansatz kappen und aushöhlen, Kürbisfleisch salzen und beiseite stellen. Die Schalotte in Butter anschwitzen, die Schinkenscheibe und das Kürbisfleisch dazugeben und etwa zehn Minuten dünsten. Den Schinken wieder entfernen, da die Suppe sonst zu intensiv danach schmecken würde.

Das Gemüse mit Bouillon und Sahne aufgießen, zehn Minuten kochen und mit dem Stabmixer pürieren. Mit Sherryessig,

Muskat, fein gehacktem Knoblauch und gemahlenem Kümmel abschmecken.
Die ausgehöhlten Kürbisse mit heißem Salzwasser ausschwemmen und die Suppe darin anrichten. Einen Spritzer Kernöl (aus Kürbiskernen gepreßtes dunkelgrünes Öl) darübergießen, die Schwarzbrotwürfel und nach Belieben auch Zuckermais als Einlage in die Suppe geben.
Nach Wunsch mit den Kürbisdeckeln auftragen.

Albert Bouley ist Chef des »Restaurants Waldhorn« in Ravensburg, Baden-Württemberg (Marienplatz 15). Er hat für unsere Leser folgende Spezialität bereit:

Leichte Linsenschaumsuppe mit Entenleber und Pfifferlingen

200 g zarte Linsen · 30 g Butter · 4 Schalotten

$^{1}/_{2}$ l Geflügelbouillon · 1 TL Majoran

1 TL geriebene Zitronenschale · 1 TL gehackter Knoblauch

1 TL Thymian · 1 TL Rosmarin · 1 TL gehackte Kapern

1 TL gehackte Sardellen · Salz · Pfeffer

2 EL Weißweinessig · 4 Stück Entenleber

100 g Pfifferlinge · 1 TL gehackte Petersilie

einige Kerbelsträußchen · wenig geschlagene Sahne

Die gewaschenen Linsen im Dampfdrucktopf mit Butter und zwei gehackten Schalotten kurz rösten. Mit der Geflügelbouillon ablöschen und die Gewürze, gehackte Kapern und Sardellen dazugeben. Die Flüssigkeit kurz aufkochen, den Deckel schließen, die Suppe kurz dämpfen und die Biostufe einstellen. Die Garzeit beträgt vier bis sechs Minuten.

Danach auf »Abdampfen« schalten und später den Topf öffnen. Den Inhalt mit dem Mixer fein pürieren und passieren. Mit Salz, Pfeffer und Essig abschmecken.

Die Leber mit den geputzten, zerschnittenen Pfifferlingen in Butter mit den restlichen gehackten Schalotten garen, mit Salz und etwas Petersilie würzen.

In warmen, tiefen Tellern die fächerartig aufgeschnittene Leber mit den Pfifferlingen und einigen Kerbelsträußchen anrichten. Unter die Suppe noch etwas geschlagene Sahne ziehen und servieren.

Gurkenschaum mit Dill, Rezept auf Seite 242

Karl E. Eschlböck, Chef des gleichnamigen Landhotel-Restaurants in Plomberg am Mondsee in Oberösterreich, hat wohl eine der besten Fischbeuschelsuppen kreiert:

Fischbeuschelsuppe

3 l Wasser

1000 g Fischabschnitte (mit Köpfen, Flossen und Gräten)

150–200 g Suppengemüse · 300 g Naturreis

1 Lorbeerblatt · Koriander · 1 Muskatblüte

Meersalz · 1 Flasche Riesling

75 g Butter · 1 Zwiebel · Knoblauch

10 g Beuschel-Trockengewürz

1/8 l süße Sahne · 1/8 l saure Sahne

250–300 g Fischbeuschel (Leber, Milch, Rogen)

Pfeffer aus der Mühle

gehackte Petersilie · Croûtons als Einlage

Das Wasser mit Fischabschnitten, Suppengemüse, Reis, dem Lorbeerblatt, Koriander, Muskatblüte, Meersalz und einer halben Flasche Riesling auf etwa einen Liter Fond langsam kochend reduzieren, abseihen und das Fischfleisch auslösen.
Die Butter in einem Topf zerlassen, fein gehackte Zwiebel und Knoblauch darin hell andünsten. Beuschelgewürz dazugeben und mit dem Fond aufgießen, danach auf etwa einen halben Liter reduzieren. Süße und saure Sahne sowie den restlichen Wein dazugeben, zerkleinertes Fischbeuschel ebenfalls, und langsam zum Kochen bringen.
Mit Petersilie und frischem Pfeffer verfeinern und mit in Butter gerösteten Croûtons als Einlage servieren.

Michel Husser leitet die Küche im »Le Cerf« im französischen Marlenheim (30, rue de General de Gaulle), von dem es heißt, es sei das schönste Dorf der Elsässer Weinstraße. Er empfiehlt uns dieses Lieblingsrezept:

Kalte Sauerampfercremesuppe mit Lachsklößchen

(Velouté froid à l'oseille aux quenelles de saumon)

Für 6 Personen:
100 g Sauerampfer · 0,3 l entfettete Bouillon
1 mittelgroße Pellkartoffel
3 EL süße Sahne · Salz · Pfeffer
1/2 Gurke · 1 großes Radieschen · 150 g Räucherlachs
6 EL geschlagene Sahne · gehackter Kerbel
Weißbrot und Butter für die Croûtons

Den Sauerampfer waschen und mit der Bouillon im Mixer pürieren, dann die gekochte Kartoffel zufügen und wieder mixen, bis eine glatte Creme entsteht. Jetzt die Sahne dazugeben und mit Salz und Pfeffer abschmecken.

Die Gurkenhälfte, das Radieschen und den Lachs in sehr feine Würfelchen schneiden, die Hälfte dieser Mischung mit Schlagsahne binden und 24 kleine Klößchen formen.

Die restliche Gemüse-Lachs-Mischung mit den Klößchen in die Teller legen, mit gehacktem Kerbel garnieren und mit der Sauerampfercreme übergießen. Diese Cremesuppe wird mit lauwarmen, in Butter gebratenen Weißbrotcroûtons serviert.

André und Doreen Jaeger pflegen in ihrem Restaurant »Fischerzunft« im schweizerischen Schaffhausen (Rheinquai 8) eine viel bewunderte eurasische Küche. Dieser entspricht auch ihr Lieblingsrezept:

Currycremesuppe mit Gemüsefrühlingsrolle

20 g Butter · 30 g Lauch · 30 g Schalotten

15 g mildes Currypulver · 1/2 Apfel · 1/2 Banane

50 g Mango · 1 Msp Knoblauch, gepreßt · 1/2 l Hühnerbouillon

1/2 l Sahne · Salz · Pfeffer · 10 g Lauch · 30 g Bambussprossen

10 g Erbsen · 10 g Maiskörner · 1 Msp mildes Currypulver

30 g Sojabohnensprossen · Salz · Zucker

4 kleine Frühlingsrollen-Blätter · Öl zum Fritieren

Die Butter aufschäumen lassen, Lauch- und Schalottenwürfel andünsten. Mit Curry bestäuben, die in Würfel geschnittenen Früchte und den Knoblauch dazugeben. Kurz dünsten, mit der Hühnerbouillon ablöschen und die Sahne dazugeben. Zehn bis fünfzehn Minuten sanft köcheln lassen, danach gut mixen und mit Salz und Pfeffer abschmecken. Sollte die Suppe zu dick geworden sein, mit etwas Hühnerbouillon verdünnen.
Für die Füllung der Frühlingsrollen Lauch und Bambussprossen in einen Millimeter dicke Streifen schneiden, Erbsen und Mais grob hacken. Etwas Butter erhitzen und die Lauch- und Bambusstreifen hineingeben. Mit Curry würzen, Sojabohnensprossen, Mais und Erbsen dazugeben, mit Salz und Zucker abschmecken. Abkühlen lassen und die Frühlingsrollen mit der kalten Mischung füllen. Diese fritieren und halbiert zur frisch aufgemixten Suppe servieren.

Brigitte und Roland Jöhri machen das »Hotel Haus Paradies« im schweizerischen Ftan/Unterengadin zum kulinarischen Erlebnis. Sie empfehlen uns:

Bündner Gerstensuppe

130 g Zwiebeln · 150 g Lauch
100 g Möhren · 50 g Knollensellerie
80 g roher Schinken · 80 g Bündner Fleisch
100 g Gerste · 30 g weiße Bohnen
Salz · Pfeffer · 3 l Bouillon
0,3 l süße Sahne · 3 Eigelb

Zwiebeln hacken, Lauch, Möhren, Knollensellerie, rohen Schinken und Bündner Fleisch klein schneiden und alles zusammen dämpfen. Die Gerste und die Bohnen dazugeben und mitdämpfen, mit Salz und Pfeffer abschmecken, mit der Bouillon auffüllen und etwa eineinhalb Stunden kochen lassen.
Süße Sahne und Eigelb vermischen und die Suppe damit binden, eventuell noch mit Salz und Pfeffer nachwürzen.

Tip: Bei der Bündner Gerstensuppe kann auch ein Stück geräuchertes Rippli (geräuchertes Schweinerippchen) oder ein Stück Speck mitgekocht werden. In diesem Fall muß man mit dem Salzen und Würzen vorsichtig sein.

Dieter und Elvira Kaufmann und ihre Küche im Restaurant »Zur Traube« in Grevenbroich (Bahnstraße 47), Nordrhein-Westfalen, sind der große Tip für Feinschmecker in weitem Umkreis. Sie empfehlen die folgende Kaltschale:

Geeiste Tomatenessenz mit Bonito und Kaviar

Für 10–12 Personen:
FÜR DEN TOMATENFOND:
1500 g Röstgemüse (gewürfelte Möhren und Zwiebeln)
Olivenöl · 200 g Tomatenmark · 2500 g geschälte Tomaten
2,5 l Gemüsefond oder Wasser
1 Kräutersträußchen bestehend aus Estragon, Basilikum, Rosmarin, Thymian und Knoblauch
ZUR GESCHMACKSINTENSIVIERUNG UND ZUM KLÄREN DES FONDS:
600 g Rinderhesse · 2 Möhren · 1 kleine Knolle Sellerie
1 Stange Lauch · 100 g Tomatenmark
6 Eiweiß · 1 Kräutersträußchen (siehe oben)
Salz · Pfeffer · 5–6 Blatt Gelatine
FÜR DIE EINLAGE:
Gemüseperlen (ganz fein geschnittenes Gemüse wie z. B. Möhren, Sellerie, Erbsen etc.)
300–500 g erstklassiger frischer Bonito (ein makrelenartiger kleiner Thunfisch)
Vinaigrette aus 2 EL Balsamico-Essig, 4–6 EL Öl, Salz und Pfeffer oder Limettensaft zum Marinieren
Kaviar nach Belieben

Das Röstgemüse in Olivenöl anschwitzen, das Tomatenmark dazugeben, kurz rösten, mit Tomaten, Gemüsefond oder Wasser und einem Kräutersträußchen auffüllen. Den Tomatenfond auf die Hälfte reduzieren. Danach grob passieren und kalt stellen.
Den Tomatenfond mit dem zerkleinerten Klärfleisch (Hesse), Möhren, Sellerie, Lauch, Tomatenmark, Eiweiß und den Gewürzen vermengen und langsam zum Kochen bringen. Ungefähr eine Stunde auf ganz kleiner Flamme ziehen lassen.
Inzwischen den rohen Bonito anfrieren, hauchdünn aufschneiden, mit Vinaigrette oder Limettensaft bepinseln, im letzteren Fall noch mit etwas Salz und Pfeffer würzen und ca. 1 Stunde marinieren.
Den geklärten Tomatenfond abseihen, abschmecken, die zuvor eingeweichte, ausgedrückte Gelatine einrühren und das Ganze gut kühlen. Die marinierten Bonitoscheiben auf Teller verteilen, mit wenig Kaviar bestreuen, die blanchierten Gemüseperlen darauf geben und mit der eiskalten Tomatenessenz umgießen.

Tip: Aus den vielen übrigen Eigelben auch mal unterm Jahr leckere Plätzchen backen, Eierlikör machen oder zum Legieren verwenden. In einem Schraubglas im Kühlschrank aufbewahren.

Otto Koch, Herr des »Le Gourmet« in München (Hartmannstraße 8, am Dom), rät unseren Lesern zu seiner folgenden Lieblingssuppe:

Metzelsuppe mit Sahne

Für 10 Personen:

1000 g Sabodet (rohe, deftig gewürzte Schweinswurst aus Frankreich) oder Zampone (gefüllter Schweinefuß aus Italien)

1 l Sahne · Salz · Pfeffer · 10 Scheiben Weißbrot

wenig Butter · Schnittlauch

Als Metzelsuppe bezeichnete man in Bayern ursprünglich eine Suppe, die aus dem Wurstsud des Metzgers zubereitet wurde. Etwas anders ist meine Version des traditionellen Gerichts:
Die Wurst etwa zwei Stunden in Wasser kochen, aus dem Fond nehmen und kalt werden lassen.
Zwei Liter vom Kochfond der Wurst mit der Sahne verkochen und dabei um etwa ein Drittel reduzieren. Mit Salz und Pfeffer abschmecken, mit dem Handmixer aufschlagen (emulgieren).
Für die Suppeneinlage das Brot in Würfel schneiden und in wenig Butter knusprig rösten. Ein Viertel der gekochten Wurst in feine Streifen schneiden.
Die Suppe auf Tellern mit den Croûtons, den Wurststreifen und gehacktem Schnittlauch anrichten.

Werner Matt, eine »Legende der Kochkunst«, derzeit im »Hilton Plaza« in Wien (Schottenring 11) tätig, schlägt uns dieses Rezept vor:

Tomatensuppe mit Champignons und Basilikum

Für 6 Personen:

500 g reife Tomaten · 70 g Butter

2 EL Tomatenmark · 0,2 l Bouillon

0,1 l Sahne · Salz · Pfeffer aus der Mühle

6 mittelgroße Champignonköpfe

6–8 Basilikumblätter · 2 Toastbrotscheiben · 20 g Butter

evtl. Spinatblätter oder Avocadowürfel als Einlage

Die Tomaten fünf Sekunden in kochendem Wasser blanchieren, rasch abkühlen, schälen, vierteln und entkernen. Die Hälfte der Butter in einer Kasserolle zergehen lassen, die Tomatenviertel und Tomatenmark dazugeben und etwa 20 Minuten langsam schmoren. Die Bouillon und die Sahne zugießen und aufkochen. Dann die Suppe im Mixer pürieren und die restliche Butter (kalte Butterflocken) untermixen. Das Ganze in den Topf zurückgießen und mit Salz und Pfeffer abschmecken.
Die Champignonköpfe enthäuten und in dünne Streifen schneiden. Die Basilikumblätter ebenfalls in Streifen schneiden und beides in die Suppe geben. Die Suppe darf nicht mehr kochen.
Die Toastbrotscheiben in Würfel schneiden und in etwas Butter rosten. Die Suppe in vorgewärmte Tassen füllen und mit den Croûtons servieren. Junge, kurz pochierte Spinatblätter oder Avocadowürfel passen ebenfalls sehr gut als Einlage.

Helmut Österreicher, Küchenchef im »Steirereck« in Wien (Rasumofskygasse 2), favorisiert Topinambur, eine früher häufig verwendete kartoffelähnliche Wurzel, die auf guten Märkten angeboten wird und offenbar wieder groß in Mode kommt. Statt Stärke enthält sie das Kohlenhydrat Inulin und ist daher für Diabetiker besonders geeignet.

Topinambursuppe mit Lachsforellentatar

300 g gekochter und geschälter Topinambur

40 g fein gehackte Schalotten · 60 g Butter

$^1/_2$ l Geflügelfond oder Rinderbouillon

4 EL saure Sahne · 4 EL süße Sahne

Salz · Pfeffer · gemahlener Kümmel

160 g Lachsforelle · etwas Zitronensaft

Zwei Drittel vom Topinambur und die Schalotten in Butter dünsten und mit Geflügelfond oder Rinderbouillon aufgießen. Nach etwa fünf Minuten Kochzeit saure und flüssige süße Sahne dazugeben und fein mixen. Durch ein Sieb streichen und mit Salz, Pfeffer und etwas gemahlenem Kümmel würzen. Den restlichen Topinambur in kleine Stücke schneiden, rasch in etwas Butter braun rösten und in die Suppe einlegen.
Das Lachsforellenfleisch in kleine Würfel schneiden, mit Salz, Pfeffer und etwas Zitronensaft vermischen und zusätzlich als Einlage in die Suppe geben.

Horst Petermann, einer der »Großen in der Schweiz«, der eigentlich aus Hamburg stammt, pflegt die hohe Küche in seinen »Kunststuben« Küsnacht, südöstlich von Zürich. Er verrät uns seine Lieblingssuppe:

Meereseintopf mit Koriander

(Pot au feu de la mer à l'infusion de coriandre)

3 EL Olivenöl

2 Schalotten

250 g weißes Gemüse (Lauch, Sellerie und Fenchel)

1 Prise Zucker

1 Bund Thaischnittlauch (aus dem Asienladen)

1 Thymianzweig

1 Pfefferschote

1 Msp Zitronengraspulver (Sereh)

1 Büschel Koriandergrün

10 Safranfäden

Salz · Pfeffer

1 Msp gehackter Knoblauch

500 g Seezungengräten

0,15 l Weißwein

1 $^1/_2$ l kaltes Wasser

15 g Mu-Err-Pilze

4 Langustinen · 4 Jakobsmuscheln

500 g Miesmuscheln

500 g Palourdes (Teppich- oder Venusmuscheln)

4 Seebarben

4 Seezungenfilets

In einer Kasserolle das Öl erhitzen und die Schalotten mit dem fein geschnittenen weißen Gemüse und einer Prise Zucker dämpfen, ohne sie Farbe annehmen zu lassen. Kräuter, Knoblauch, Seezungengräten und Gewürze dazugeben, mit trockenem Weißwein ablöschen und mit Wasser auffüllen.
Die Brühe etwa eine Stunde langsam köcheln lassen, dabei immer gut abschäumen und entfetten. Danach durch ein feines Leinentuch passieren.
Die Mu-Err-Pilze einweichen. Die Langustinen in Salzwasser kochen, auslösen und das Fleisch als Suppeneinlage beiseite legen. Die gewürzten und ausgelösten Jakobsmuscheln in einer Teflonpfanne mit einigen Tropfen Olivenöl rasch sautieren. Miesmuscheln und Teppichmuscheln im heißen Olivenöl ebenfalls rasch sautieren, würzen, mit Salz und Pfeffer abschmecken und die geöffneten Muscheln sofort auslösen. Fische, Langustinenschwänze, Muscheln und die geputzten Mu-Err-Pilze gefällig auf große Suppenteller verteilen und darüber die heiße Fischbouillon gießen.

Martin Real, großer Chef im Real »Au Premiere« in Vaduz (Städtle 21) im Fürstentum Liechtenstein, pflegt die Tradition seines Vaters Felix und den alten Brauch der Weinsuppe. Hier sein Lieblingsrezept:

Vaduzer Rieslingsuppe

0,2 l klare Fleischbrühe

0,2 l klare Gemüsebrühe

0,3 l Vaduzer Riesling Sylvaner (Müller-Thurgau)

0,1 l flüssige Sahne · 2 Eigelb

60 g Würfel von gebratenem Kalbsbries

4 kleine Dillzweige

Fleisch- und Gemüsebrühe mit dem Wein aufkochen, die Sahne mit dem Eigelb verquirlen und nach und nach dazugeben, nochmals zum Kochen bringen.
Die in wenig Butter gebratenen heißen Brieswürfel auf vier heiße Suppentassen verteilen und die fertige Rieslingsuppe darübergießen. Auf jede Tasse einen Dillzweig legen.

Hans Stucki, Meister im gleichnamigen Restaurant in Basel (Bruderholzallee 42), sandte uns eine seiner berühmten Spezialitäten:

Hummersuppe mit Basilikum und Gemüse

(Minestrone de homard breton au basilic et aux légumes)

Für 6 Personen:
3 Hummer à 500 g
Olivenöl
0,1 l Noilly Prat (oder trockener Weißwein)
200 g Mirepoix (in Würfel geschnittene Wurzelgemüse, eventuell auch Schinken, in Butter gedämpft)
2 EL Tomatenmark
1 Lorbeerblatt
1 Nelke · Koriander
2 Knoblauchzehen
6 frische Tomaten
200–250 g Butter
Salz · Pfefferkörner
frisches Basilikum
Cayennepfeffer
Limettensaft
blanchierte Gemüse als Einlage (Möhren- und Petersilienwurzelrädchen, Lauchringe, Stangensellerie, in Würfel geschnittene Tomaten oder Saubohnen)
Basilikumöl

Die Hummer nacheinander in sprudelnd kochendes Wasser stürzen, um sie sofort zu töten. Das Hummerfleisch in Schwanz und Schere auslösen und zum späteren Verwenden kühl stellen. Die Karkassen (Panzer und Schalen) in Olivenöl anbraten, mit Wermut oder Weißwein ablöschen. Mirepoix dazugeben und mit Tomatenmark verrühren. Mit Wasser auffüllen, so daß alles bedeckt ist. Lorbeer, Nelke, Koriander und Knoblauch dazugeben und etwa 30–40 Minuten kochen lassen. Den Fond passieren und nochmals mit den frischen Tomaten einkochen. Anschließend erneut passieren und mit der kalten Butter aufmontieren, das heißt, die eiskalte Butter in kleinen Stücken nach und nach einschlagen. Mit Salz, Pfeffer, Basilikum, Cayennepfeffer und Limettensaft abschmecken. Als Einlage die blanchierten Gemüse verwenden. Den Hummer im Gemüsefond fertig garen und mit Basilikumöl beträufeln. Minestrone in Suppentellern anrichten und Hummer obenauf geben.

Anmerkung: Das Gemüse sollte hier nur Einlage, nicht Hauptbestandteil sein.

Alfred Süßenbacher, »Koch des Jahres 1986« und Geschäftsführer im »Bleiberger Hof« in Bad Bleiberg in Kärnten, hat eine spezielle Knoblauchsuppe zu seinem großen Favoriten gekürt.

Weiße Knoblauchsuppe

1000 g Kalbs- oder Schweineknochen oder
500 g Schweine-, Hühner- oder Rindfleisch

2 l Wasser · 1 Bund Suppengrün

1 Lorbeerblatt · etwas Thymian

1 TL Kümmel · 2 EL glattes Mehl

1/8 l süße Sahne · 100 g Butter

3 EL saure Sahne · Salz

3–4 Knoblauchzehen · evtl. etwas Essig

Die Knochen oder das Fleisch mit kaltem Wasser, Suppengrün, Lorbeerblatt, Thymian und Kümmel in einen Topf geben und langsam kochen, bis nur noch ein halber Liter Flüssigkeit bleibt, dann abseihen.

Das Mehl mit süßer Sahne glatt rühren, mit einem Schneebesen in die Suppe einschlagen und fünf Minuten kochen. Die Suppe in den Mixer geben, die kalte Butter und die saure Sahne zufügen und etwa eine Minute lang aufmixen (funktioniert auch mit dem Stabmixer). Die Suppe wieder erhitzen, aber nicht mehr kochen.

Mit Salz und gepreßtem Knoblauch würzen, eventuell mit etwas Essig verfeinern.

Johann Unterberger aus dem berühmten österreichischen Skiparadies Kitzbühel pflegt in seinen »Unterberger Stuben« kreative Küche. Diese äußert sich auch in seinem Lieblingsrezept:

Hühnersuppentopf von jungen Saubohnen, Kalbskutteln, Steinpilzen und Balsamico-Essig

Für 6–8 Personen:
200–300 g Saubohnen (dicke Bohnen)
1000 g Kalbskutteln (Kaldaunen, Netzmagen)
200 g Steinpilze · 2 Fleischtomaten · 3 EL Olivenöl
4 Frühlingszwiebeln · 1 Knoblauchzehe
1 EL Balsamico-Essig · 2 l kräftige Hühnerconsommé
Salz · Pfeffer · 2 Zweige Estragon
1 Spritzer kaltgepreßtes Olivenöl

Die Saubohnen mit Schale in Salzwasser weich kochen, die Kerne auslösen und beiseite stellen. Die Kalbskutteln kochen, putzen und in feine Julienne schneiden, die Steinpilze in Scheiben schneiden, die Fleischtomaten überbrühen, enthäuten und entkernen.

Olivenöl in einer Schwenkpfanne erhitzen, die Frühlingszwiebeln vierteln, die Steinpilze und den Knoblauch ansautieren und mit Balsamico-Essig ablöschen. Kalbskutteln und Bohnenkerne mit Hühnerconsommé aufgießen, kurz erhitzen, wenn nötig mit Salz und Pfeffer abschmecken. Dann das ansautierte Gemüse, die Tomaten und Estragonblätter beimengen, in Suppenteller gießen, obenauf ein wenig kaltgepreßtes Olivenöl geben.

Heinz Wehmann entzückt seine Gäste im »Landhaus Scherrer« in Hamburg (Altona, Elbchaussee 130) mit seinen Köstlichkeiten. Uns erfreut er mit diesem Suppenrezept:

Geeiste Büsumer Krabben-Melonen-Suppe mit weißem Portwein und Minze

4 Cavaillon-Melonen
4 EL weißer Portwein
1000 g Hummer-Karkassen (Schalen und Panzer)
80 g Butter
1/2 EL Tomatenmark oder frische Tomaten
Salz
Pfeffer
1 Prise Cayennepfeffer
1 Bund Dill · 0,3 l Sahne
2 EL Weinbrand
Crash-Eis
100 g Büsumer Krabben (oder Langustinen)
Minzblätter oder einige Dillstengel

Die Melonen im oberen Drittel sternförmig ausschneiden. Die Kerne entfernen und aus einem Teil des Fruchtfleisches Kugeln ausstechen. Den Rest des Melonenfleisches herauslösen und mit dem Portwein pürieren.
Aus den Hummer-Karkassen, Butter, Tomatenmark oder frischen Tomaten, den Gewürzen, Dill, Sahne und Weinbrand eine Hummersauce bereiten.

Joghurtsuppe mit Beeren, Rezept auf Seite 246

Dafür die Hummerschalen in einem Mörser zerstoßen. In einem Topf in Butter 5 Minuten unter Rühren anbraten, Tomatenmark oder zerkleinerte frische Tomaten zufügen, 10 Minuten kochen, mit Salz, Pfeffer, einer Prise Cayennepfeffer und gehacktem Dill würzen, durch ein feines Sieb passieren, die Sahne angießen, mit Weinbrand aromatisieren, nach Belieben noch einige Minuten kochen, damit der Alkohol sich verflüchtigt, das Melonenfleisch zugeben und abkühlen lassen.
Die Melonen jeweils in einen tiefen Teller mit Crash-Eis setzen, die Suppe einfüllen. Melonenkugeln und Büsumer Krabben oder Langustinen als Einlage in die Suppe geben. Mit einigen Minzblättern oder zurückgelegten Dillzweigen verzieren und mit den Melonendeckeln garnieren.

Eckart Witzigmann, mit seinem Kochtempel »Aubergine« in München (Maximiliansplatz 5) berühmt geworden, vermerkt zu seiner köstlichen Suppe, sie sei eher ein Eintopf, aber äußerst schmackhaft und variationsreich. Seine Krautwickerl sind auch ein eigenständiges Gericht.

Lammfilets in Pistou-Brühe mit Krautwickerln

0,6 l Lammbouillon, ersatzweise eine kräftige Hühnerbouillon

4 Krautwickerl als Einlage (siehe Seite 273 und 274)

160 g ausgelöste Lammfilets · etwas Olivenöl

Salz · Pfeffer aus der Mühle

FÜR DAS GEMÜSE:

von 3 der folgenden Gemüsesorten jeweils 16 olivenförmig zugeschnittene Stücke à ca. 8 g: Möhre, Zucchini, Kartoffel, Knollensellerie, Mairübchen, Schwarzwurzel usw. – auch kleiner Rosenkohl, Bohnenabschnitte, Tomatenachtel, weiße Bohnenkerne, Graupen (Rollgerste) usw.

FÜR DEN PISTOU:

30 g fetter, ungesalzener Speck

1 kleine Knoblauchzehe

10 g glattblättrige Petersilie · 5 große Basilikumblätter

1 Prise Kerbelblätter

2 Nadeln frischer Rosmarin

die Blätter eines kleinen Thymianzweiges

Salz · Pfeffer aus der Mühle

1 Prise geriebene Muskatnuß

Schnittlauchröllchen zum Bestreuen

Für die Krautwickerl (10 Stück):

5 große Weißkohl- oder Wirsingblätter

50 g altbackenes Weißbrot · etwas Milch

1 Ei · 1 Schalotte · 20 g Butter

1 EL glatte Petersilie, gehackt

100 g Lammfilets · 1 EL Öl

Pfeffer, Muskat, Majoran, Zucker

1 Spur Knoblauch

60 g Zwiebelwurst (oder 30 g Schinken und 30 g Schweinefleisch, zusammen fein durchgedreht)

Zum Dünsten:

40 g klein gehackter Schinkenspeck · 20 g Butter

1 Zwiebel, in Scheiben geschnitten

1 Knoblauchzehe in der Schale · einige Petersilienstengel

einige Möhren- und Selleriescheiben

50 g Kohlabschnitte

1 kleiner Thymianzweig

etwas Bouillon oder Wasser

Die Lammbouillon kochen, die Krautwickerl vorbereiten, Lammfilets in einen Zentimeter große, etwas ovale Stücke schneiden.

Das Gemüse vorbereiten, waschen, putzen, oval zurechtschneiden oder in die entsprechende Form kürzen, auslösen usw.

Für den Pistou den Speck klein schneiden, dann mit den restlichen Zutaten zusammen in der Moulinette (kleiner Universalzerkleinerer) oder im Mörser zu einer feinen Paste verarbeiten.

Die Gemüse in der Lammbouillon gar, aber nicht weich kochen. In der Zwischenzeit die Krautwickerl dünsten. Die Lamm-Medaillons in einer beschichteten Pfanne mit einigen

Tropfen Olivenöl auf beiden Seiten anbraten – sie müssen innen rosa bleiben. Salzen, pfeffern und zugedeckt nachziehen lassen.
Ein Viertel der heißen Brühe Löffel für Löffel in den Pistou geben und einrühren. Dann den auf diese Weise verdünnten Pistou in die Brühe gießen. Heiß rühren, aber nicht kochen! In die Mitte von vorgewärmten Suppentellern die Krautwickerl plazieren. Mit den Lamm-Medaillons und dem Gemüse umlegen und die kochend heiße Brühe darübergießen. Mit Schnittlauchröllchen bestreuen und sofort servieren.

Die Zubereitung der Krautwickerl:
Die Weißkohl- oder Wirsingblätter in kochendem Salzwasser einmal kurz aufkochen, dann in Eiswasser abschrecken. Abtropfen lassen und auf ein Tuch legen. (Sollte der Kohlkopf sehr fest sein, so daß sich die einzelnen Blätter kaum lösen lassen, schneiden Sie den Strunk kegelförmig aus, spießen Sie eine große Fleischgabel hinein, halten den Krautkopf in kochendes Wasser und nun können Sie die Blätter ohne Mühe nacheinander abheben.) Das altbackene Weißbrot in feine Scheiben schneiden und mit etwas lauwarmer Milch befeuchten. Das Ei dazugeben, die Schalotte fein schneiden und in der Butter glasig anschwitzen. Die gehackte Petersilie im letzten Moment dazugeben. Etwas abkühlen lassen, dann zum Brot geben. Die Lammfilets in kleine Würfel schneiden und in wenig heißem Öl rasch anbraten. Würzen, etwas abkühlen lassen und auch zum Brot geben. Die Zwiebelwurst (oder die mehrmals durch den Fleischwolf gedrehte Mischung aus Schinken und Schweinefleisch) ebenfalls dazugeben und alles gut vermengen. Noch einmal abschmecken, dann bis zum Gebrauch kalt stellen.
Als Ansatz zum Dünsten den klein gehackten Schinkenspeck in der Butter anschwitzen, dann sämtliche Gemüse und Aromaten dazugeben und angehen lassen, ohne ihnen Farbe zu geben. Ebenfalls zum Gebrauch bereit stellen.

Den Ofen auf 220 Grad vorheizen.
Die Weißkohl- oder Wirsingblätter durch den Strunk halbieren, die Strünke herausschneiden. Auf den Blatthälften die Füllung gleichmäßig verteilen, kleine runde Krautwickerl daraus formen. Diese auf die angeschwitzten Gemüse setzen, mit Salz, Pfeffer und einer Prise Zucker bestreuen, etwas Fleischbrühe oder Wasser angießen. Die Krautwickerl zudecken und in den vorgeheizten Backofen schieben – nach etwa 30 Minuten sind sie fertig.

Tip: Natürlich richtet sich die Gemüseeinlage noch der Saison – der Fantasie sind keine Grenzen gesetzt. Und wenn das Basilikum nicht hocharomatisch ist, so nehmen Sie entsprechend mehr, denn dieses Kraut gibt dem Pistou ja den Namen (Pistou ist das provenzalische Wort für Basilikum, in Ligurien heißt es Pesto).

Heinz Witschi, der zusammen mit seiner Frau Anna »Witschi's Restaurant« in Unterengstringen (Zürcher Straße 55) nordöstlich der großen Stadt führt, empfiehlt hier eine seiner Köstlichkeiten:

Teppichmuschelsuppe mit Kerbel

1000 g mittelgroße Teppich- oder Venusmuscheln

Olivenöl · 1 Zwiebel · 1 große Knoblauchzehe

0,2 l Chablis · 1 Lorbeerblatt

1 Kräutersträußchen aus Thymian, Estragon und Petersilie

200 g Schmorgemüse von fein gewürfeltem Sellerie, Möhren, Lauch und Schalotten

Sherry · Pfeffer

1/4 l Fischfond (aus dem Glas oder selbst gekocht wie auf Seite 252, siehe Fischbeuschelsuppe)

80 g Tafelbutter · 1 Sträußchen Kerbel

Die Muscheln gut waschen. In einen vorgewärmten Topf etwas Olivenöl geben, darin fein gehackte Zwiebel und geschnittenen Knoblauch kurz dämpfen. Muscheln ebenfalls dazugeben, gut schütteln und mit dem Weißwein ablöschen. Nun das Lorbeerblatt und das Kräutersträußchen hineinlegen, zudecken und etwa zehn Minuten garen, bis alle Muscheln offen sind. Muschelfleisch auslösen und warm stellen. Muschelbrühe wegen des Sandes zweimal durch ein frisches Tuch passieren. Das Gemüse in wenig Butter dämpfen, mit Sherry ablöschen und pfeffern. Den Fischfond und den Muschelfond dazugeben und gut kochen. Die Suppe mit kalten Butterflocken aufschlagen und abschmecken. Sollte die Suppe zu salzig sein, mehr Butter und Fischfond dazugeben. Suppe mit dem Muschelfleisch anrichten und mit viel gezupftem Kerbel bestreuen.

Jörg Wörther aus der »Villa Hiss« in Badgastein (Erzherzog-Johann-Promenade 1), Land Salzburg, empfiehlt uns seine besondere Spargelsuppe mit Maisgrieß:

Spargelsuppe mit Maisgrieß

ca. 20 grüne Spargelspitzen, die Stiele in Scheiben geschnitten

20 g Butter · 4 gestrichene EL Maisgrieß (Polenta)

1 $^1/_2$ l Selleriefond bzw. Gemüsefond

ca. 20 weiße Spargelspitzen, die Stiele in Scheiben geschnitten

100 g Butter · Salz · Muskatnuß

Cayennepfeffer · 4 EL Schlagsahne

frischer Schnittlauch

Die grünen, geschnittenen Spargelscheiben in etwas Butter anschwitzen, den Maisgrieß sowie die grünen Spargelspitzen dazugeben, dann mit kochendem Selleriefond bzw. leichtem Gemüsefond aufgießen. Jetzt kochen lassen, bis der grüne Spargel weich ist.
Den separat gekochten weißen Spargel (er hat eine andere Garzeit) in die Suppe geben. Die kalte, geschnittene Butter in die kochende Suppe einrühren, salzen, etwas Muskatnuß, 1 Prise Cayennepfeffer und Schlagsahne dazugeben.
Feine Schnittlauchröllchen darüberstreuen und anrichten.

Rezeptverzeichnis nach Sachgruppen

Klare Suppen aus Rindfleisch

Suppeneinlagen und Suppen mit Einlagen

Suppen aus Schweinefleisch

Suppen mit Innereien

Geflügelsuppen

Binden oder Legieren von Suppen

Suppen als Zwischen- und Hauptgerichte

Fischsuppen

Suppen aus Muscheln und Krustentieren

Gemüsesuppen von Artischocke bis Zwiebel

Suppen aus der alten Landküche

Suppen aus Milch und Käse

Suppen aus Garten- und Wildkräutern

Suppen aus Bier, Most und Wein

Suppen aus Zucht- und Wildpilzen

Nüsse - nicht nur zum Knabbern, sondern für Suppen

Die großen Suppen aus China

Kalte Suppen für heiße Tage

Lieblingsrezepte der Meisterköche

Alphabetisches Rezeptregister

A

B

C

D

E

F

G

H

I

J

K

L

M

N

O

P

Q

R

S

T

U